WALTRAUT BARNOWSKI-GEISER
MAREN GEISER-HEINRICHS

Meine schwierige Mutter

Das Buch für erwachsene Töchter und Söhne

Klett-Cotta

Klett-Cotta
www.klett-cotta.de

Printed in Germany
Umschlaggestaltung: Weiß-Freiburg GmbH – Grafik & Buchgestaltung
unter Verwendung der Abbildungen von
© kreativloft GmbH und © Jeanette Dietl
Gesetzt in den Tropen Studios, Leipzig
Gedruckt und gebunden von Kösel, Krugzell
ISBN 978-3-608-86121-1

Bibliografische Information der Deutschen Nationalbibliothek
Die Deutsche Nationalbibliothek verzeichnet diese Publikation
in der Deutschen Nationalbibliografie; detaillierte bibliografische
Daten sind im Internet über http://dnb.d-nb.de abrufbar

Schnelleinstieg

Inhalt

Einleitende Gedanken

1. Die Fäden des Gestern in die Hand nehmen – Warum der Blick auf unsere Mutter lohnt

Sind wir ehrlich: Es gibt Menschen, mit denen würden wir nicht gerne unsere Zeit verbringen. Nicht einmal einen Tag wollten wir mit ihnen zusammen sein, nicht einmal auf einer Party möchten wir ihnen begegnen, geschweige denn mit ihnen befreundet sein – denn mit manchen Menschen ist, wie es der Volksmund sagt, »einfach nicht gut Kirschen essen«. Während wir uns als Erwachsene solchen Menschen, die wir als schwierig erleben, in unserem Alltag in der Regel gut entziehen können, wirken Kinder, die von diesen Menschen in die Welt gesetzt wurden, chancenlos: Sie müssen mit denjenigen zurechtkommen, die ihnen das Schicksal an die Wiege gestellt hat. Wir hören es nicht gerne: Auch äußerst schwierige Zeitgenossen, die als kauzige Sonderlinge oder gar als Schrecken ihres Umfeldes gelten, haben Kinder in die Welt gesetzt. Hinter vorgehaltener Hand werden sie vielleicht als *despotisch, verlogen, eiskalt* oder auch als *abwesend, cholerisch, unnahbar* beschrieben, um nur einige Beispiele zu nennen.

» *Wir erinnern uns an die 40-jährige Erzieherin, die von ihrer Mutter heute noch als beste Freundin bezeichnet wird. Wiederholt trägt sie die Mutter durch tiefe Täler der Traurigkeit, um anschließend von ihr beschuldigt zu werden: Verantwortung zu tragen für die Krisen, für das schlechte Leben der Mutter überhaupt. »Meine Mutter hatte nur mich!«, entschuldigt die Tochter. Die selbstzerstörerischen Wege der Mutter sind vielfältig. Signale und Hilfeschreie, die ihrer Tochter vermitteln: »Du bist mein Ein und Alles, der einzige Mensch auf der Welt, der mich retten kann. Verlass mich nicht!« An eine Loslösung wagt die Tochter kaum zu denken.*

» Wir denken an den Sohn des angesehenen Universitätsprofessors, der durch seine gesamte Kindheit Zynismus und Grausamkeiten des Vaters über sich ergehen lassen musste. Heute als 50-Jähriger leidet er an Erschöpfung und Panikstörungen – selbst beruflich erfolgreich, fühlt er sich dennoch als Versager. Besuche bei der Mutter, die ihn nie vor den väterlichen Übergriffen geschützt hat (sondern in seinem Erleben ihn im Gegenteil noch zur Unterstützung für ihr eigenes Seelenheil brauchte), empfindet er als eine Qual. Schon Tage vor einem Zusammentreffen oder vor Familienfesten verspürt er Herzrasen und ihm unerklärliche Übelkeit. Er hat den Kontakt seit mehreren Jahren immer mal wieder abgebrochen – Ruhe und inneren Frieden findet er nicht.

Die beiden Beispiele vorab lassen es anklingen: Menschen sind mehr als das, was äußerlich sichtbar ist. Mehr, als ihre äußere Biografie zeigt. Vieles rutscht im Laufe der Lebenszeit in ein Dunkel, um das die meisten, insbesondere all diejenigen mit belastenden oder schwierigen Kindheitserfahrungen, nicht mehr wissen. Das ist teils gut so (denn manches ist besser im Dunkeln zu belassen): Doch, wenn Erwachsene sich, zum Beispiel aufgrund anhaltenden Leidens, auf die Suche machen nach der Antwort auf die Frage, wer sie sind, dann ist der Blick in das Dunkel eine Möglichkeit, sich selbst besser zu verstehen, das eigene Denken, Fühlen und Handeln. Der Blick ins Dunkel ist eine Möglichkeit, die Selbsterkenntnis zu vergrößern und einen Weg zu finden, das Leiden hinter sich zu lassen.

»Es gehört zur Natur eines Subjekts, dass es einen Konflikt erleben kann zwischen dem, was es ist, und dem, was es sein möchte, und dass es an sich scheitern kann« (Bieri, 2013, S. 22). Wenn das, was andere an Ihnen wahrnehmen (»Du bist so kompetent und erfolgreich und wirkst so glücklich!«), weit entfernt ist von dem, was Sie selbst über sich denken (»Ich bin nicht liebenswert und versage!«) und empfinden (»Meine Tage sind vor allem quälend!«), dann kann das in Erfahrungen aus Kindheitstagen begründet sein. Dann kann es sein, dass das Dunkel der Vergangenheit einen größeren Einfluss auf Ihr Leben nimmt, als

Ihnen möglicherweise bewusst ist, jedenfalls in weit größerem Maße, als Ihnen lieb ist: Die Qualität Ihres Lebens heute, die Qualität Ihrer Beziehungen, das Zusammenleben in Ihrer Familie und nicht zuletzt Ihr Selbstbild sind betroffen. Ihre Vergangenheit lässt sich nicht mehr ändern: Sie können Ihre Mutter sehr wahrscheinlich nicht ändern, aber Sie können Einfluss auf sich selbst nehmen und auf Ihr Selbstbild, dessen Grundsteine schon früh in Ihrer Kindheit gelegt wurden. Menschen besitzen die Fähigkeit zur Zensur, sie können sich etwas verbieten und vorwerfen, sie können sich achten oder verachten. Sie können sich »... nicht nur fragend um sich kümmern, sondern auch planvoll Einfluss auf sich nehmen und sich in ihrem Tun und Erleben in eine gewünschte Richtung verändern« (Bieri, 2013, S. 23).

Der Mensch als Subjekt ist ein soziales Wesen und hängt auf vielfältige Art und Weise von anderen Menschen ab. Auf Kinder und Mütter trifft diese Abhängigkeit in besonderem Maße zu. Jeder von beiden ist dabei ein individuelles Zentrum des Erlebens: Jeder von beiden fühlt auf bestimmte Weise, jeder hat ein ihm eigenes Wesen – und seine eigene Biografie. Wir sehen zwei Menschen mit ihrem Äußeren: Vielleicht sind sich Mutter und Kind ähnlich oder unähnlich – in jedem Fall sagt das Äußere noch nichts über ihre jeweilige Innenwelt und auch nichts über ihre jeweilige Innenperspektive.

Die Mutter ist, so ist es evolutionär angelegt, am dichtesten am Entwicklungsprozess des Kindes beteiligt. Je besser dieser Prozess gelingt, umso mehr wird aus dem Kind ein eigenständiges Subjekt, ein »Subjekt mit Bewusstsein« (Bieri, 2013). Wenn Kinder ihr Tun aus ihrem Erleben heraus entwickeln können, Schöpfer ihres Selbst werden, dann entwickeln sie Urheberschaft. Mit zunehmenden Jahren leben sie nicht einfach so dahin, sondern können auf sich als Subjekt sehen und aus ihren Gefühlen und Motiven eine eigene Geschichte über sich erzählen, Worte finden: erinnerte Geschichten, aktuell gelebte Geschichten und Geschichten über das, was kommen wird. Geschichten, wie sie entstanden sind, über das, wer sie sind und was sie vorhaben. So komplettiert sich ein Selbstbild; eine Antwort auf die Frage »Wer bin ich?« Das Äußere stimmt mit dem Erleben, der Innenwelt überein.

Zugleich verbirgt sich in diesem ungeheuren Potential, das diese erste existentielle Beziehung in die Welt bringen kann, ein mächtiger Schatten: Was ist, wenn diese erste Beziehung nicht gelingt? Was ist, wenn das Äußere nicht mit der jeweiligen Innenwelt von Mutter und Kind, nicht mit der jeweiligen Innenperspektive übereinstimmt? Es kann also durchaus sein, dass ein Kind in einem schönen Haus aufwächst, von Luxus umgeben ist, es von der Mutter zu allen möglichen Terminen in einem Luxusauto chauffiert wird, mit gutem Essen versorgt und bei seinen Hausaufgaben betreut wird, das Kind sich aber in diesem äußeren »Paradies« innerlich schlecht fühlt. Da dieses »Schlecht-Fühlen« undankbar erscheint, verbietet das Kind sich diese Gefühle, vielleicht erst für einen Moment, dann für Monate, für Jahre, Jahrzehnte, bis ihm seine Innenwelt fremd geworden ist. Die innere Heimat ist verloren gegangen, die Innenwelt wird ein Fremdkörper.

Das Problem der Kindheitsbelastungen im Erwachsenenalter verschwindet häufig im Nebel der Verdrängung und wirkt sich meist dennoch nachhaltig verheerend auf das weitere Leben aus: Täglich begegnen uns Kinder, Jugendliche und Erwachsene, deren Lebensschwierigkeiten aus Kindheitstagen stammen. Ihre Schwierigkeiten zeigen sich auf unterschiedliche Weise: etwa als unerklärliche körperliche Leiden, als Verhaltensprobleme, als Störungen, die ihr Leben nachhaltig beschweren, auch als akute Beziehungsprobleme, nicht zuletzt auch mit eigenen Kindern, oder als ein diffuses schier »Nicht-gut-Fühlen«, für das sich keine Gründe im Jetzt finden lassen. Gemeinsam ist diesen Menschen ein Leiden an etwas, um das sie oftmals nicht wirklich wissen, dessen Schwere sie verdrängen, weil die Schwierigkeiten der Kindheitstage ihnen eben aufgaben zu vergessen: Vergessen war ein Teil der notwendigen Bewältigung der Schwierigkeiten mit der Mutter. Und auch wenn die Belastung durch schwierige Mütter lange hinter ihnen liegt, tragen sie an den Folgen dieser Kindheitsereignisse oft ein Leben lang, mit Haut und Haar, mit Leib und Seele. Und auf irgendeine

Weise hängen sie in diesem Drehbuch ihrer Kindheitstage fest, obwohl diese Zeit doch lange, oftmals sehr lange, zurückliegt.

Und gerade wenn diese Beziehungen tiefe Wunden hinterlassen haben, drohen aus Kindern schwieriger Mütter neuerlich schwierige Eltern zu werden, ohne dass sie es selbst ahnen oder ohne dass es ihnen bewusst ist: Ihre Wunden geistern wie Gespenster durch die Kinderzimmer der nachfolgenden Generation. Die Gründe mögen vielschichtiger Natur sein: Einer der Gründe mag sein, dass die geringe Anzahl aktueller Belege der Entwicklungs-, Bindungs- und Traumaforschung sowie aktuelle neurowissenschaftliche Erkenntnisse noch unzureichend in vorliegende Gesundheitskonzepte eingearbeitet sind und kaum Einzug in das alltägliche Verständnis gehalten haben, sodass der Blick auf Erwachsene und Schwierigkeiten, die ihren Kindheitstagen entstammen, noch allzu unüblich ist.

Wir stellen fest: Ein Perspektivwechsel ist vonnöten! Es gibt nicht nur schwierige Kinder, um die es häufig in der pädagogisch-psychologischen Fachliteratur geht, sondern es gibt auch schwierige Mütter und Väter! Und dieses »Schwierigsein« kann eine so große Belastung sein, dass eine Lebensschwierigkeit für ihre Kinder und Kindeskinder daraus erwächst! Nimmt man das Thema erwachsener Kinder schwieriger Mütter nicht bald zur Kenntnis, droht das unerkannte und unausgesprochene Leiden von Generation zu Generation weitergegeben zu werden – mit dramatischen Folgen: Aus den Kindern schwierig erlebter Mütter drohen neuerlich schwierige Eltern zu werden.

Erwachsene Kinder schwieriger Mütter bilden, insbesondere im Angesicht gesamtgesellschaftlicher Nichtbeachtung, gegenwärtig einen tragischen Superlativ: Muss man sie doch als vergessene Mehrheit der Vergessenen bezeichnen. Schwierigkeiten mit den eigenen Eltern erscheinen am Beginn dieses jungen Jahrhunderts als Tabuthema – wer es anspricht riskiert, als undankbar, verzogen und eben selbst »schwierig« eingestuft zu werden. Das Leiden all dieser Menschen hat uns bewogen, dieses Tabuthema mit seinen Schwierigkeiten und in seinen persönlichen Benommenheiten anzugehen. Auch im Wissen darum, wie heikel dieses Thema ist und mit wie viel Wut auf allen Seiten es einhergeht. Diese Wut ist unseres Erachtens ein Ausdruck von Sprachlosigkeit: über verdeckte Schuldgefühle und unerfüllte Liebe.

Wir schreiben dieses Buch für Sie, die Sie

- es nicht leicht hatten mit Ihrer Mutter
- nicht sicher sind, ob »schwierige Mutter« überhaupt Ihr Thema ist
- überlegen, ob Sie den Kontakt zu Ihrer Mutter abbrechen oder doch weiter aufrechterhalten
- sich mit dem Muttersein schwertun und Ihre eigene Mutterbeziehung noch wenig angeschaut haben
- nun Mutter sind und bemerken, dass sich etwas immer wieder in das Jetzt Ihres Mutterseins hineinwebt, das vielleicht in ihrer Kindheit begründet liegt
- überlegen, ob es im Angesicht der Schwierigkeiten, die Sie mit Ihrer Mutter hatten, überhaupt Mutter werden möchten
- lange schon Mutter sind und von Ihren Kindern vernehmen (oder es ahnen), dass diese Sie als schwierig erleben, womöglich einhergehend mit dramatischen Kontaktabbrüchen.

In diesem Buch soll es weder um Alltagsschwierigkeiten gehen, die beinahe zwangsläufig im Zusammenleben zwischen Müttern und Kindern auftreten, noch um schwierige Konfliktphasen wie etwa in der Pubertät. Nein, wir möchten mit Ihnen über Mütter sprechen, die solch große persönliche Schwierigkeiten mit sich herumtragen, dass das Zusammenleben für ihre Angehörigen, und hier insbesondere für ihre Kinder, eine Belastung darstellt. Die Welt zwischen Eltern und Kindern ist ein Kosmos, das jeweilige innere Erleben auch: Es wäre vermessen, diesen Kosmos in einem Buch vollständig erfassen zu wollen. So versuchen wir, den Kosmos einzugrenzen, indem wir die Mutter-Kind-Beziehungen genauer anschauen. In der Praxis begegneten uns vor allem drei Gruppen belasteter Erwachsener:

1. *Wenn das Schwierigsein einen Namen trug:* Das Schwierigsein der Mutter trägt ein Etikett. Es hat sich etwa in klinischen Diagnosen manifestiert (ein Elternteil ist beispielsweise an einer Sucht erkrankt, leidet an Depression, einer Angststörung oder Demenz etc.). Hier hat das Leiden »immerhin« einen Namen, es gibt ein Etikett, ein Wort (aus psychotherapeutischer Perspektive sind Belastungen für die Angehörigen zudem in Forschungen nachweisbar). Mit den Schwierigkeiten dieses alltäglichen Zusammenlebens, des Aufwachsens in einem solchen Elternhaus sind die Betroffenen meist dennoch ziemlich allein gelassen. Der Nachhall dieser Kindheit schwingt meist bis ins Erwachsenenalter nach.
2. *Wenn öffentliche Stellen Mutter wurden:* Öffentliche Stellen hatten in der Kindheit in die elterliche Erziehungsautonomie eingegriffen. Die Familie war dann dem Jugendamt oder anderen Einrichtungen der Jugendhilfe bekannt. Das Schwierigsein der Eltern erschien hier zwar einerseits sichtbar und greifbar. Die Nöte einer Herausnahme aus der Familie, die Lösung und die Möglichkeit, familiäre Beziehungen zu gestalten, beschäftigt die Kinder andererseits aber ein Leben lang. Ihre emotionalen Nöte waren oftmals im familiären Tohuwabohu untergegangen.
3. *Wenn Normalität nur Fassade war:* Oftmals spielte sich das kindliche Drama hinter einer scheinbar intakten Fassade ab. Nie wurden die Mütter öffentlich als schwierig bekannt, nie nahmen sie Hilfe, beispielsweise in Form einer Beratung oder therapeutischen Behandlung, in Anspruch. Oftmals waren sie sogar sehr angesehen in ihrer Gemeinde oder als Person des öffentlichen Lebens – und gerade das machte es für die derart betroffenen Kinder schwierig.

Es ist uns ein Herzensanliegen, dieses so schwierige Thema angemessen zu Papier zu bringen. Wir möchten die Thematik mit diesem Buch aus der Sprachlosigkeit befreien und die unendliche Kette des Leidens von Generation zu Generation durchbrechen. Wir möchten erwachsenen Kindern Chancen eröffnen, ihr eigenes Muttersein und die Kindheit ihrer Kinder leidfreier zu gestalten. Dies vor allem, indem wir bei aller Verbundenheit zu Frauen und Müttern wagen auszusprechen, was uns in unserer therapeutischen, beraterischen und schulischen Praxis immer wieder begegnet: Dass es Mütter gibt, mit denen es sehr schwierig ist oder war, dass Kinder und Jugendliche nachhaltige Folgen davontragen, ja sogar massive Beeinträchtigungen ihrer Lebens- und Bindungsqualitäten erleiden. Darauf möchten wir mit diesem Buch aufmerksam machen, das Tabu des Wegschauens lösen und zugleich Wege der Veränderung zu einer veränderten verbesserten Lebensqualität eröffnen.

Indem Sie besser verstehen, was zwischen Ihnen und Ihrer Mutter geschehen ist, eröffnet sich die Chance, Ihr Selbstbild zu komplettieren. Erst der offene Blick auf Schwieriges aus Kindheitstagen ermöglicht, Belastungen und erfolgreich Bewältigtes als eigene Stärken zu würdigen. Von diesem Selbst-Verstehen aus können Sie Ihr Leben stärker so ausrichten, wie es Ihnen wirklich entspricht: Sie hängen nicht länger marionettengleich an unsichtbaren Fäden des Gestern. Es besteht die Chance, dass Sie Erlittenes nicht an die nächste Generation weitergeben. Wir schreiben somit für die Mütter von gestern, die Kinder von heute und Mütter von morgen. Getragen von der Hoffnung, dass die Beziehungen von Generation zu Generation besser statt schlechter werden.

In unserer Arbeit zeigte sich: Auch als Kind schwieriger Mütter ist es möglich, ein gutes Leben als Erwachsener zu leben und selbst den eigenen Kindern gute Eltern zu sein. Wie diese Schwierigkeiten zwischen Eltern und Kindern sich gestalten, wie diese ihr Leben noch als Erwachsene prägen und vor allem wie sich Wege aus dieser Belastung finden lassen, darüber schreiben wir in diesem Buch. Auf der Basis des in der Praxis erprobten AWOKADO-Konzeptes bieten wir Ihnen kreative Selbsterfahrungen und Wege an. Diese kreative Selbsterfahrungen haben wir teils in Kompaktform in Teil 3 eingestellt, einzelne kreative Selbsterfahrungen, die wir im Dazwischen passend finden, finden Sie auch vorher. Ob Sie in Kompaktform arbeiten, in Wochenblöcken, im

Retreat oder in Ihrem Tempo nach Belieben, ist Ihnen überlassen. Spüren Sie nach, was für Sie stimmig scheint. Lesen Sie genau so viele Seiten, wie Sie gut verarbeiten können: Viel hilft nicht viel, sondern Ihre passende Dosierung ist wichtig. Dies ist besonders bedeutsam, wenn Sie um belastende oder traumatisierende Erfahrungen wissen. Sprechen Sie, wenn Sie sich in therapeutischer Behandlung befinden, die Arbeit an diesem Buch mit Ihrem Therapeuten ab.

2. Neue Wege gehen: Das sollten Sie vor dem Start erledigen

Dieses Buch enthält über den Fließtext hinaus Anleitungen zur kreativen Selbsterfahrung sowie am Ende das *Jetzt-besser-leben-Programm*. Übungen und Programm können Sie auf Ihrem Veränderungsweg nachhaltig unterstützen. Sie können das Buch auch lesen, ohne den praktischen Teil zu absolvieren: Oder Sie machen diesen später. Wir vertrauen auf Ihre Intuition, wie es für Sie selbst am besten stimmt.

Vor dem Start: Wenn möglich, besorgen Sie sich eine Kladde, die Ihnen gefällt. Dieses Schreibheft kann Sie beim Lesen dieses Buches unterstützen (natürlich können Sie auch Blätter zusammenheften). Hier können Sie eigene Anregungen eintragen, Gedanken und Bilder, Erlebnisse, Gefühle – Sie können es für die Gestaltung der kreativen Anregungen, die Sie in unserem Buch finden, nutzen. Diese Kladde ist Ihr Begleitbuch auf dem Weg durch das Mutterland.

Das benötigen Sie für die Arbeit:

- Einen Ort, an dem Sie für eine Zeit des Tages ungestört sein können
- Blätter in DIN A4 und DIN A3
- Schere
- Kleber flüssig
- Buntstifte und Farben, die Sie mögen

- Alte Zeitungen und Zeitschriften
- Eine Musikabspielmöglichkeit
- Wenn möglich Handy mit Fotoaufnahmemöglichkeit und Diktiergerät
- Kladde in DIN A4, die Sie als Ihr persönliches Begleitbuch nutzen

Kreative Selbsterfahrung: Das bin Ich

Gestalten Sie das Deckblatt der neuen Kladde, also Ihres Begleitbuches, mit Ihrem Vornamen (so wie Sie heute genannt werden möchten, das muss also nicht unbedingt der Name sein, der Ihnen bei der Geburt gegeben wurde) sowie mit einer passenden Collage ... schneiden Sie dazu aus alten Zeitschriften und Büchern nach Lust und Laune Bilder und Worte heraus, die Sie beschreiben, die Sie ausmachen oder charakterisieren. Einfach alles, was Ihnen zu Ihrer Person wichtig ist. Legen Sie alles Gesammelte vor sich aus. Entscheiden Sie nun, ob Sie Ihren Namen vor dem Kleben einmalen (in bunten Großbuchstaben etwa) oder ob Sie ihn aus den Bildern entstehen lassen möchten ... und kleben dann so, wie es Ihnen gefällt, Gesammeltes auf das Blatt.

Erläuterung

Wenn Menschen mit schwierigen Eltern aufgewachsen sind, ist dies oft mit Erschütterungen in der Identität, in der Frage »Wer bin Ich?« verbunden. Auf kreativen Wegen können Sie sich dieser Frage annähern. Wenn Sie eine Person Ihres Vertrauens haben, ist es sicher ein guter Schritt, Ihre Gestaltung zu zeigen und vielleicht noch mehr über sich zu erfahren. Wenn Sie dies nicht gerne machen oder augenblicklich keine Person geeignet scheint, dann kann es hilfreich sein, Ihre Gestaltung öfter anzusehen, aus verschiedenen Blickperspektiven (von Weitem, von Nahem etc., zu verschiedenen Tageszeiten ...), und vor allem immer wieder mit einem wohlwollenden Blick zu betrachten.

Teil I
Schwierige Mütter ... zu Risiken und Nebenwirkungen

»Meine schwierige Mutter« haben wir dieses Buch betitelt. Wenn Sie dieses Buch lesen, weil Sie sich durch diesen Titel angesprochen fühlen, dann hat vielleicht die Aussage im Titel Ihre Bestätigung erfahren und Sie denken: »Ja, ich habe eine schwierige Mutter. Meine Mutter ist wirklich schwierig.« Bei vielen unserer Klienten setzt zugleich mit dieser Feststellung ein Schuldgefühl ein: »Das darf ich aber doch nicht sagen!«, denken sie dann, »Wenn sie das wüsste!« und »Wie undankbar bin ich?« Bei manchen erwachsenen Kindern ist das schlechte Gewissen darüber so mächtig, dass sie sich verbieten, weiter darüber nachzudenken. Andere fühlen sich in solchen Momenten des klaren Blicks paradoxerweise verwirrt, diffus, manchen wird sogar schwindlig. Diese körperlichen Anzeichen zeigen oftmals an, dass das kritische Ansehen der Mutter für den Betroffenen ein Tabuthema darstellt.

Vielleicht fallen auch Ihnen Persönlichkeitszüge und Verhaltensweisen ein, die dieses Schwierigsein Ihrer Mutter belegen. Abseits aller sich nun vielleicht in Ihnen breit machenden Schuld- und Undankbarkeitsgefühle scheint ein Perspektivwechsel vonnöten. Zunächst einmal treffen Sie mit dieser Zuschreibung an Ihre Mutter nämlich eine Aussage über sich selbst: Wenn Sie die Aussage, »meine Mutter ist schwierig«, für sich als zutreffend erachten, dann heißt das vor allem, dass Sie Ihre Mutter als schwierig erlebt haben. Wenn wir uns gemeinsam mit Ihnen auf die Suche nach Antworten auf die vielfältigen Fragen dieser spannenden Mütterthematik machen (und es handelt sich um eine Frage, die unsere Klienten mehrheitlich beschäftigt), so sollten Sie wissen, dass wir uns auf ein vielschichtiges Terrain begeben. Ein Terrain, in dem der Boden oft unwägbar erscheint. Vielleicht fragen

Sie sich vor allem, ob Sie Ihrer Wahrnehmung wirklich vertrauen können und Sie selbst tatsächlich Kind einer »schwierigen Mutter« sind. Dann sei schon gleich vorab gesagt: Auf diese Frage gibt es leider keine sichere Antwort. Keine Antwort mit unzweideutigem Ja oder Nein, keine Antwort, die verriete, ob Ihre Beurteilung richtig oder falsch ist. »Richtig« wäre hier das falsche Wort. Die Beantwortung dieser Frage erfordert ein wenig Mühe und differenzierte Betrachtung: Experte in dieser Fragestellung sind in jedem Fall Sie selbst.

Schwierig: Mütter zwischen Kategorie und Krankheit

»Schwierig«: Was heißt das? Was für den einen schwierig ist, ist es für den anderen noch lange nicht. War das denn wirklich ungewöhnlich, dass die Mutter laut wurde oder ein paar Tage nicht redete, den Vater stützte und Sie als Kind stehen ließ, ein bisschen erpresste? Ist das nicht normal? Zumindest ist es in Ihrer Kindheit zu Ihrer Normalität geworden. Dies hat Ihr Erleben geprägt: die individuelle Ausprägung des Schwierigseins Ihrer Mutter und Ihre Wahrnehmung, das individuelle Ausmaß an Belastung sowie Ihre spezielle Verarbeitung dieser Erfahrung. Es gibt, so viel schon einmal vorab, nach unseren Erkenntnissen nicht die »schwierige Mutter« an sich, nicht die schwierige Mutterpersönlichkeit mit den Merkmalen a, b und c, deren Verhalten und Erziehungsverhalten zu den Folgen x, y, z bei den Kindern führen. Das Schwierigsein und sein Ausmaß wird in der Interaktion von Mutter und Kind erlebt.

Gehen wir von der Bedeutung des Wortes »schwierig« aus, so ist umgangssprachlich oft »kompliziert« in der Kombination mit »unangenehm« gemeint. Dieses Schwierigsein von Menschen wird in der Literatur dabei meist jeweils einem Aspekt zugeordnet, zum Beispiel als:

- schwieriges Verhalten,
- schwierige Persönlichkeit bis hin zu krankhaften Persönlichkeitsstörungen (Lelord & Andre, 2009; Berger, 2014) und
- schwieriges Bindungsverhalten (Gschwend, 2009).

Schwierige Mütter wären der Persönlichkeitslehre folgend komplizierte Persönlichkeiten mit unangenehmen Persönlichkeitszügen, durch die andere (hier vor allem Kinder) an ihre Grenzen kommen. Man spricht auch von »stacheligen Persönlichkeiten« (Berger, 2014). Die Autoren Lelord und Andre (2009) beschreiben, dass eine Persönlichkeit schwierig werde, wenn bestimmte Züge ihres Charakters zu markant oder zu verfestigt seien, den Umständen schlecht angepasst, sodass sie selbst oder andere darunter leiden. Hier kommt das Maß ins Spiel: Mit ein bisschen Misstrauen der Mutter lässt sich umgehen, aber mit andauerndem riesigen Misstrauen, das jedes Handeln und jeden Kontakt bestimmt, wird es schon schwieriger. Aus einem misstrauischen Verhalten kann eine misstrauische Persönlichkeit werden, die ihren Charakter ausmacht: Jemand macht etwas »immer«, es wird typisch für diese Person, ein konstanter Zug der Persönlichkeit. Wiederkehrende Verhaltensweisen gelten als typische Züge und können zu Merkmalen einer Persönlichkeit werden, sich verfestigen. Somit kann eine Vielzahl schwieriger Verhaltensweisen zu einem Persönlichkeitsmerkmal werden, das dann das Etikett »schwierig« erhält und zu einer Zuschreibung wird.

Menschen zu kategorisieren hat eine lange Geschichte. Hippokrates klassifizierte Menschen nach ihren Körperflüssigkeiten und unterschied sie als Choleriker, Sanguiniker etc. und schrieb diesen bestimmte Eigenschaften zu (eine Einteilung, die sich auch heute noch als Grundlage verschiedener Typenlehren [etwa in der Waldorfpädagogik] wiederfindet). Ebenso gab es Zeiten, in denen Typisierungen nach Körperbau üblich waren, andere unterschieden wiederum nach Temperamenten. Im Rahmen der Psychologie, insbesondere der Persönlichkeitspsychologie, wurden Versuche unternommen, Menschen nach bestimmten Eigenschaften zu kategorisieren.

Auch Symptome werden in Form von Krankheitsbildern typisiert, gerade auch in der Psychotherapie. Heute ist die Einordnung in die internationalen Klassifizierungssysteme (ICD-10 und DSM) von Krankheiten die Voraussetzung, um eine gesetzliche oder private Therapie durch gesetzliche Krankenkassen finanziert zu bekommen. In Verfahren, die auf den Ansätzen der Gestalttherapie basierten, lehnte man Kategorisierung in Krankheitsmodellen lange Zeit ab: Etiketten seien für Flaschen, nicht für Menschen. Im Buch »Mütter ohne Liebe« ist der Beziehungsaspekt Teil der Kategorie (Gschwend, 2009):

- die ablehnend-distanzierte Mutter
- die seelisch-ausbeutende Mutter
- die aktiv-gewalttätige Mutter.

Kreative Selbsterfahrung: Die Farben meiner Mutter

Haben Sie schon einmal versucht, anderen Ihre Mutter zu beschreiben? Manchmal ist das »Schwierige« wenig greifbar und folglich schwer zu »begreifen«. Oft geraten erwachsene Kinder schwieriger Mütter in Not, wenn sie schildern möchten, was ihre Mutter genau ausmacht, was sie genau als schwierig erlebten. Sie ringen um Worte, sie suchen nach typischen Situationen und schließen oft mit den Worten: »So ist es auch nicht wirklich oder nicht immer und ausschließlich …« und: »Ich habe Angst, dass ich meine Mutter nun schlecht gemacht habe. Vielleicht ist sie ja auch gar nicht so schlimm. Kann sein, dass das von außen gar nicht so wirkt.« Machen Sie einen ungewöhnlichen Versuch und nutzen Ihre kreativen Potentiale:

Welche Farbe verbinden Sie mit Ihrer Mutter?
Malen Sie diese …

Hat sich die Farbe gegenüber Ihrer Kinderzeit verändert?
Wenn ja, malen Sie das ein …

Welche Farbe wünschen Sie sich mehr im Kontakt mit Ihrer Mutter?
Malen Sie es in Ihre Gestaltung.

Was verbinden Sie mit der jeweiligen Farbe?

Hinweis: Vorsicht vor angeblich allgemeingültigen Farbdeutungen! Es kann sein, dass Sie »schwarz« toll finden und jemand anderes »schwarz« als schrecklich oder traurig empfindet. Finden Sie heraus, was die jeweiligen Farben exakt für Sie bedeuten … beschreiben Sie dies in wenigen Worten:

Nehmen Sie nun ein paar Atemzüge und nennen Sie anschließend, ohne lange zu überlegen, drei Dinge, die Sie an Ihrer Mutter schwierig finden … drei Dinge, die Sie an Ihrer Mutter schätzen …

Schwierige Mütter: Expertenbefragung – was Kinder und Jugendliche berichten

Die eigene Mutter mit dem Begriff »schwierig« zu belegen, kann für erwachsene Kinder der Versuch einer ersten Einordnung dessen sein, was sie in Kindheitstagen mit ihrer Mutter erlebt haben. Indem Sie ein Wort finden, wird Ihr eigenes Erleben ein Stück greifbarer, wenn auch nur verkürzt und ausschnitthaft. Mit der Zuschreibung des Wortes »schwierig« für die Mutter machen Sie deutlich, dass Ihre Mutter und das, was Sie mit ihr erleben, nicht »leicht« oder »unbeschwert« war und ist.

Die Einordnung in die Kategorie »schwierig« ist dabei oftmals keine Frage von ja oder nein, von entweder / oder, sondern vielmehr eine vielschichtige Angelegenheit. Mütter sind, um es kreativ auszudrücken, nicht einfach schwarz oder weiß, schwierig oder nicht schwierig, sondern es gibt, so könnte man sagen, viele Tönungen, etwa Graustufen. Zu unterschiedlichen Zeiten schieben sich unterschiedliche Tönungen in den Vordergrund. Jeder Mensch ist in einem beständigen Wandel begriffen, auch Ihre Mutter. »Wie schwierig genau war sie denn eigentlich?«, ist eine andere häufig gestellte Frage; verzweifelt suchen Kinder schwieriger Mütter nach einem Maßstab.

So überlegen Sie: Haben Sie Ihre Mutter als Kind anders erlebt als heute? Hätten Sie vielleicht über sie etwas ganz anderes erzählt, als Sie es heute tun. Nehmen wir einmal einen spannenden Perspektivwechsel vor und lassen Experten, nämlich Kinder und Jugendliche, selbst erzählen, welche Probleme sie im Kontakt mit ihren Müttern beschreiben. Einige Erzählungen aus unserer Praxis, die als typisch gelten können:

››*Die siebenjährige Anna kommt auf Empfehlung des Kinderarztes. Sie habe häufig Bauchschmerzen oder Kopfschmerzen, doch organische Ursachen konnten bisher nicht gefunden werden. Anna lebt gemeinsam mit ihren Eltern. Ihr Vater arbeitet im Schichtdienst, ihre Mutter ist Hausfrau. »Meine Mutter interessiert sich gar nicht für mich. Den ganzen Tag schaut sie nur auf ihr Handy oder guckt Fernsehen. Wenn mein Vater nach Hause kommt, redet sie nur mit ihm. Ich frage sie öfter, ob sie mit mir spielen will, aber dann hat sie meist keine Zeit für mich. Eigentlich weiß sie gar nichts über mich. Auch bei den Hausaufgaben hilft sie nicht. Und wenn sie mir hilft, dann schreit sie mich immer an, wenn ich was nicht kann.«*

››*Der neunjährige Simon kommt nach Absprache mit seiner Mutter und auf Empfehlung der Klassenlehrerin in die Praxis. Simon sei in der Schule aggressiv, halte sich nicht an Regeln. Die Mutter ist alleinerziehend, berufstätig, hat zwei Söhne. »Meine Mutter hat jetzt einen neuen Freund. Sie macht immer nur was mit ihm. Sie hat nie Lust, mit mir zu spielen. Für mich interessiert die sich gar nicht mehr. Und wenn der mich anmotzt, weil ich mein Zimmer nicht aufgeräumt habe oder eine schlechte Note habe, sagt sie einfach gar nichts dazu – dabei wohnt der nicht mal bei uns. Manchmal fasst der mich ganz feste am Arm oder haut mich. Meine Mutter sieht das, aber sie macht nichts. Ich glaube, sie hat Angst, dass er weggeht, wenn sie was sagt. Deswegen sage ich auch lieber nichts, ich möchte ja nicht, dass meine Mutter traurig ist.«*

››*Die elfjährige Jaqueline lebt allein mit ihrer Mutter. Ihre Eltern haben sich vor zwei Jahren getrennt, ihren Vater sieht sie am Wochenende. Ihre Mutter hat sie angemeldet, da sie den Eindruck hat, Jaqueline leidet unter der Trennung. »Meine Mutter redet ständig schlecht über meinen Vater. Sie sagt mir immer, wie ätzend er ist und dass ich das schon noch merke. Manchmal weiß ich gar nicht, was ich glauben soll. Vielleicht holt er mich auch wirklich nur ab, weil das Gericht das sagt. Eigentlich bin ich gerne bei meinem Vater. Ich erzähle meiner Mutter von den Wochenenden auch lieber nichts. Ich merke, dass sie traurig wird, wenn ich was erzähle, was mir Spaß gemacht hat. Aber sie fragt immer nach, und dann weiß ich gar nicht, was ich sagen soll.«*

»*Der 15-jährige Alexander kommt in die Praxis. Er lebt mit seinen Eltern. Sein älterer Bruder ist bereits ausgezogen und studiert. »Nach außen soll für meine Mutter immer alles perfekt sein. Wie es in der Familie aussieht, ist ihr egal, solange die Fassade stimmt. Mein Bruder ist echt ein Vorzeigesohn für sie. Mir darf es ruhig schlecht gehen, aber das soll ich halt nicht sagen. Ihr ist wichtig, dass wir nach außen immer alle glücklich wirken und ich gute Noten habe. Dabei würde ich lieber zeigen, wie es mir tatsächlich geht, egal ob gut oder schlecht. Wenn es mir schlecht geht, können das die anderen ruhig sehen. Meine Mutter versteht einfach nicht, dass die Art, wie sie mit Problemen umgeht, nicht meine ist. Ich möchte einfach, dass mir jemand zuhört, wenn es mir schlecht geht, und nicht, dass jemand sagt: ›So schlimm ist das doch alles gar nicht. Stell dich nicht so an.‹ Das hilft mir gar nicht. Sie nimmt meine Probleme nicht ernst, also erzähle ich ihr lieber gar nichts mehr. Sie hatte auch eine schlimme Kindheit. Aber sie tut immer so, als hätte ich es ja richtig gut bei ihr und nur sie hätte schlimme Sachen erlebt. Und sie würde es doch auch schaffen, mit einem Lächeln morgens aufzustehen. Sie will einfach nicht sehen, wie schlecht es mir geht.«*

»*Die 17-jährige Nora sucht die Praxis auf. Ihr gehe es zurzeit einfach nicht gut und sie habe vom Schulsozialarbeiter die Empfehlung bekommen, sich Hilfe zu suchen. »Ich komme einfach nicht mit meiner Mutter zurecht. Der ist total egal, wie es mir geht. Meiner Mutter ist einfach nur wichtig, dass ich ein gutes Abitur mache und dann Jura studiere. Sie will, dass ich viel Geld verdiene und in einem großen Unternehmen arbeite. Was ich eigentlich machen möchte oder was zu mir passt, ist ihr egal. Ich glaube, sie weiß nicht einmal, was ich eigentlich werden will. Sie fragt ja auch nicht. Aber solange ich nicht viel Geld verdiene, ist es eh nicht gut genug für sie. Sie selber hat nicht einmal einen Hauptschulabschluss. Aber dass ich gerade mein Abitur mache, ist ja quasi gar nichts. Ich soll erst mal mein Studium schaffen und dann Geld verdienen. Auf mein Abi brauch ich mir nichts einbilden, sagt sie. Sie gibt mir ständig das Gefühl, dass ich ihr nichts recht machen kann. Nie ist etwas gut genug für sie, egal, wie ich mich anstrenge, es bringt ja doch nichts.«*

»*Die 19-jährige Emma lebt mit ihrer Mutter und ihren zwei jüngeren Schwestern. Seit einigen Monaten schafft sie es nicht, morgens aufzustehen und ihre Ausbildung zu absolvieren. »Wirklichen Kontakt zu meiner Mutter hatte ich noch nie. Sie hat sich zwar immer um mich gekümmert, mir bei den Hausaufgaben geholfen, Essen gemacht, meine Wäsche gewaschen. Aber irgendwie konnte ich keinen Kontakt zu ihr haben. Ich glaube, sie weiß gar nicht, was das ist. Lieb hat sie mich, glaub ich schon – sagt sie auch. Sie kann das aber gar nicht rüberbringen. Meine Mutter hatte selber eine ganz schwierige Kindheit. Sie wurde geschlagen, eingesperrt und so etwas. Aber über Details will sie nicht sprechen. Was genau früher war, sagt sie nicht. Sie meint, dann würde ich nie wieder mit meiner Oma ein Wort reden wollen. Ich habe das Gefühl, sie kann gar keine richtige Mutter sein. Sie gibt mir ständig das Gefühl, dass ich mich um sie kümmern muss – dabei ist sie ja die Mutter.«*

1. Let's dance? Vom schwierigen Tanz zwischen Mutter und Kind

Uns hilft in der Untersuchung der Frage, ob eine Mutter schwierig ist, ein Bild: das Bild von Mutter und Kind als Tänzer, die in einem gemeinsamen Schwingungsraum unterwegs sind. Dieser Raum ist durch

Wenn Sie Ihre Mutter als schwierig erleben, dann kann es sein, dass Sie diese Einschätzung mit anderen Menschen teilen, also dass Ihre Mutter auch von anderen aus der Familie oder im Umfeld als eine schwierige Person wahrgenommen wird. Vielleicht sind bei Ihrer Mutter auch Störungen diagnostiziert worden. Ebenso gut jedoch ist es möglich, dass Ihre Mutter nur in der Rolle als Ihre Mutter schwierig scheint – Ihre Mutter vielleicht eine geschätzte Mitarbeiterin in ihrer Firma ist oder als liebevolle Ehefrau gilt. Oftmals spielt sich das kindliche Drama hinter einer scheinbar intakten Fassade ab. Nie wurden die Mütter öffentlich als schwierig bekannt, nie nahmen sie Hilfe in Anspruch: keine Diagnose, keine Störung, keine Auffälligkeiten. Ist dies der Fall, wird die eigene Wahrnehmung infrage gestellt: Wenn meine Mutter doch eine angesehene Person ist (und dieses Problem beschreiben viele Kinder), sie vielleicht eine warmherzige Schauspielerin, eine geschätzte Arzthelferin ist oder als begnadete Therapeutin gilt, wie kann sie dann eine solch schwierige Mutter sein? »Etwas mit mir muss nicht stimmen«, denken dann die Betroffenen – mit negativen Folgen für ihre Selbstwahrnehmung und für die Weise, wie sie auf andere zugehen.

Und es kann sogar sein, dass Ihre Geschwister Ihre Mutter anders wahrnehmen, dass also Sie allein sie als schwierig erleben. Jede Familie hat eine von ihr selbst erzählte Geschichte, in der Fachsprache auch »Narration« genannt. Diese Erzählung enthält Familienwahrheiten, so wie sich Dinge dieser Wahrheit zufolge im Zusammenleben ereignet haben, so wie sie von einzelnen Familienmitgliedern bewertet und erlebt wurden und so wie sie für das gesamte System verkraftbar scheinen. Die Familienerzählung erzeugt eine eigene Welt, erzeugt Identität, spiegelt und bildet ab. Die Erzählungen der Einzelnen müssen dabei nicht übereinstimmen. Erzählungen Ihrer Familie müssen somit nicht mit Ihrer persönlichen Wahrheit über diese Familie übereinstimmen, so wie die Erzählung Ihrer Familie über Sie nicht mit Ihrer Selbstwahrnehmung übereinstimmen muss. Die Realität wird genauso abgewandelt, verfremdet oder geschönt, wie es für bestimmende Mitglieder überlebensnotwendig, wie es für das Funktionieren des gesamten Systems verkraftbar erscheint. Dabei können einzelne Familienmitglieder dem Gesamtsystem gleichsam geopfert werden. Wenn der Missbrauch der Tochter das System Mutter und Vater gefährdet, kann es sein, dass das Kind mit seiner Wahrnehmung ausgestoßen wird.

Narration

Eine Narration ist eine Erzählung oder eine Geschichte (systemische Sicht, narrativer Ansatz), die sich im Prozess der sogenannten »Narrativierung« herausbildet. Sie beinhaltet immer auch eine Konstruktion eines Individuums oder einer Gruppe. Ziel ist es, Kohärenz (Stimmigkeit) im Hier und Jetzt aus vergangenen Erfahrungen zu erzeugen, um dem (Er-)Leben einen Sinn und Bedeutung zuzuschreiben.

Diese familiäre Narration betrifft auch die Erzählung, die es in Ihrer Familie über Ihre Mutter gibt. Diese Erzählung kann knapp sein oder komplex, laut oder leise, offen oder verdeckt, sie ergibt vielleicht ein facettenreiches oder auch ein fragmentiertes Bild. Ohne dass all diese Aspekte bewusst wären, weben Meinungen und Wertungen der einzelnen aktuellen Familienmitglieder (auch der bereits verstorbenen Ahnen), eingehüllt in Atmosphären und Stimmungen, ergänzt durch gesellschaftliche und kulturelle Aspekte und das Bild, das Ihre Mutter von sich selbst hat, Ihr Bild von Ihrer Mutter. Dieses innere Bild kann ergänzt werden durch Außenperspektiven von für das System bedeutsamen Menschen, etwa bewusst zurate Gezogene (zum Beispiel Freunde und Therapeuten) und zwangsläufig in das System Eintretende, wie etwa Partner, Lehrer, Ärzte etc. Zu verschiedenen Zeitpunkten, etwa nach gravierenden Lebensereignissen, können diese Erzählungen und Bilder unterschiedlich ausfallen, sich wandeln. Manche dieser Narrationen einzelner Familienmitglieder sind so unterschiedlich, dass man meinen könnte, sie seien in unterschiedlichen Familien aufgewachsen. Da ist die Mutter in der Erzählung des einen Kindes eine wahre Heldin, immer lustig und gut gelaunt, und in der

der anderen eine verantwortungslose Person, von der es geschlagen wurde. Womöglich ist dieses Kind von früh an in die Sündenbockrolle gerutscht. So kommt es auch, dass manche Erwachsene irritiert den Eindruck gewinnen, ihre Geschwister müssten wohl mit einer anderen Mutter aufgewachsen sein als sie selbst. Der jeweils andere Blick lässt rückwärtig ein Bild der Mutter entstehen, das mit dem eigenen Bild so gar nicht übereinstimmt und nicht vereinbar ist. Die Erzählung des Einzelnen enthält meist genauso viel an verkraftbarer Wahrheit, wie er oder sie mit seiner / ihrer Lebensbewältigung vereinbaren kann.

Als Erwachsene riskieren Menschen, die sich ihrer schwierigen Kindheitsgeschichte öffnen und mit dem Mutter-Märchen brechen, somit viel: Sie riskieren den Verlust der Zugehörigkeit zu ihrer Herkunftsfamilie, sie riskieren die Erschütterung ihres Weltbildes und Selbstbildes, aber auch den Verlust zu all jenen, die das Mutter-Märchen unendlich weitertragen möchten. Mütterbelastete Kinder gelten leicht als Störenfriede im schön zurechtgezimmerten »Heile-Welt«-Bild. So wird dann weiterhin manches erwachsene Selbst auf dem Altar der Zugehörigkeit geopfert. Mit dem Beginn des Lebens findet ein Passungsprozess statt, in dem sich Mutter und Kind in einen lebenslangen Tanz begeben, in dem eine permanente Feinabstimmung und Nachjustierung vollzogen werden muss. Gerade zu Anfang hat die Mutter dabei den Teil der Führenden, das Baby wird zwangsläufig zur Folgenden. Wir wollen uns mit Ihnen ansehen, wie sich dieser Tanz zwischen Müttern und Kindern nach unseren Erfahrungen gestalten kann.

Zwischen Freudentanz und Eiertanz: Beziehung zwischen Mutter und Kind

Wenn wir über einen Menschen urteilen, eine Einschätzung zu ihm abgeben, dann ist diese subjektiv. Wir können uns zwar um Kriterien zur Beurteilung bemühen (etwa das Maß der Feinfühligkeit) und dazu entsprechend messbare Verhaltensweisen suchen (»streichelt oftmals über den Kopf«), meist sind diese metrischen Beschreibungen jedoch nur eine unzureichende Beschreibung der komplexen Erlebenslandkarte.

So auch bei der Einordnung unserer Mütter. Es ist durchaus möglich, dass andere Familienmitglieder zu einer völlig anderen Einschätzung über Ihre Mutter kommen.

Radikaler Konstruktivismus

Der radikale Konstruktivismus gründet insbesondere auf Überlegungen von Ernst von Glasersfeld, Jean Piaget, Heinz von Foerster, Humberto Maturana und Francisco Varela. Im radikalen Konstruktivismus wird davon ausgegangen, dass jedes Individuum sich seine eigene Wirklichkeit konstruiert. Die Wahrnehmung jedes Einzelnen kann demnach nie ein Abbild der Realität sein, sondern ist stets eine subjektive Konstruktion aus Sinnesreizen und deren neuronaler Verarbeitung. Reine Objektivität, die Findung einer Wahrheit erscheinen aus dieser Überlegung heraus unmöglich. Somit sind die Konstruktionen von Individuen im günstigsten Fall kompatibel, aber nie deckungsgleich.

Wenn wir die Aussage treffen, dass jemand schwierig sei, so entsteht diese Bewertung immer auf der Grundlage einer Interaktion. Mindestens zwei Menschen sind unmittelbar an dieser Interaktion beteiligt, und ihr jeweiliges Erleben dieser Interaktion ist die Basis für ihre subjektive Bewertung. Wenn wir die Mutter-Kind-Beziehung ansehen wollen, mögen wir gern das Bild des Tanzes vor Ihrem inneren Auge entstehen lassen. Papousek und Papousek (1999) sprechen vom »Bindungstanz zwischen Mutter und Kind«.

Jeder der Tanzpartner wird diesen Tanz anders erleben. Wie sie diesen Tanz erleben und einstufen, als gelungen, bereichernd oder auch als schwierig etwa, unterliegt zunächst der Subjektivität der Tänzer. Wenn einer der beiden Tänzer an einer starken Laufbeeinträchtigung leidet und ein wenig gutes Hilfsmittel zur Kompensation dieses Leidens (etwa eine gute Krücke) benötigt, so wird der Tanz der beiden durch diese Hinderung beeinflusst sein. Die Hinderung hat Auswirkungen, wie sich der Tanz gestaltet, wie lange er anhalten kann (die Kondition ist meist begrenzt), die artistischen Einlagen haben Grenzen usw. Hat der gehinderte Tänzer einen großen Ehrgeiz, trainiert etwa täglich, sucht sich vielleicht einen Tanzlehrer oder Coach, so kann das Defizit vielleicht zu einem hohen Maße kompensiert werden. Kommen zu dieser Hinderung jedoch weitere Negativfaktoren hinzu, etwa eine allgemeine Unlust, überhaupt zu tanzen, eine Unlust zu trainieren, eine Abneigung, Unterstützung in Anspruch zu nehmen, und eine schlechte Begabung, dann wird der Tanz beiden wenig Freude bereiten. Während sich Menschen auf der Tanzfläche entscheiden können, ob sie mit einem schlechten Tänzer weitertanzen möchten, ist das Kind ohne Wahl: Wenn es von einer Mutter geboren wird, die etwa massive Beeinträchtigungen in ihrer Fähigkeit besitzt, den Bindungstanz zu tanzen, dann trägt das Kind von Beginn seines Lebens an eine ungleich schwere Belastung. Denn es ist auf diesen Tanz angewiesen. Das Kind muss ausgleichen, kompensieren und jonglieren. Im schlimmsten Fall resigniert es oder tanzt gar nicht mehr: Im schlimmsten Fall aufgrund seiner Erfahrungen mit der ersten Bezugsperson auch nicht mit anderen Menschen.

Das Kind merkt, ohne dass Worte gesprochen werden müssten, in seiner Resonanzfähigkeit, in seiner bereits im Mutterleib sich gestaltenden innigen Nähe, in diesem existentiellen Verwobensein, dass das Gelingen dieses Tanzes auch für es selber unabdingbar ist: Das Gelingen dieses Tanzes sichert sein Überleben, das Misslingen stellt eine existentielle Bedrohung dar. Je jünger das Kind ist, umso nachhaltiger die Bedrohung durch Schwierigkeiten im Tanz. Also setzen Kinder alles daran, die Mutter in ihrem Tanz so zu unterstützen, dass sie halbwegs kompetent auf der Tanzfläche sein und sich als gute Mutter fühlen kann. Diese Unterstützung durch das Kind bleibt auf der Erwachsenenseite meist unbemerkt. Das Kind handelt intuitiv und unbewusst, nicht selbstlos: Das Kind ahnt, dass es nur durch eine starke Mutter überleben, versorgt werden kann. Das Kind entwickelt immer genauer eine Idee davon, was die Mutter vor allem braucht: das Gefühl, eine gute Mutter zu sein. Für dieses Gefühl zu sorgen, wird den Kindern, je früher und länger der Prozess andauert, zur zweiten Haut. Zu einer

Selbstverständlichkeit, die auch sie in den Nebel des Vergessens tauchen: Denn sich erinnern kann eine Menge Familienschwierigkeiten heraufbeschwören.

Der nicht gelingende Tanz mit offener Rechnung: Die Kosten der Kinder

Familiensysteme verfügen über sie selbst erhaltende Mechanismen. Diesen Vorgang nennt man auch »autopoietisch«. Durch diesen evolutionären Mechanismus der Selbsterhaltung des Systems (hier der Mutter-Kind-Dyade) kann selbst trotz starker Hinderungen der Tanz gelingen: Aus einem gehinderten Tanzpaar kann durchaus ein scheinbar toll funktionierendes Tanzpaar werden. Das Funktionieren beruht dann tragischerweise auf der Überanstrengung und Überkompensation des Kindes. Die Überanstrengung des Kindes ist dann, wenn die beiden zum Beispiel das öffentliche Parkett betreten, vielleicht nicht sichtbar: Die beiden wirken wie ein perfekt eingespieltes Team. Lange Zeit zieht das Kind vielleicht aus dieser Dynamik Positives: Eine hohe Selbstwirksamkeit stellt sich ein, ein Gefühl, bedeutsam zu sein, das Gefühl, etwas Gutes zu tun, toll tanzen zu können.

Sie bemerken bereits, dass hier eine Zeitbombe tickt, wie lange der Tanz der beiden gelingt und wann es schwierig wird. Bemerkt das Kind mit zunehmendem Alter seine eigene zu kurz gekommene Bedürftigkeit (etwa weil die Mutter nachhaltig »therapeutische« Betreuung durch ihr erwachsenes Kind einfordert), dann schleicht sich ein ungutes Gefühl ein: diffus zunächst, auch als unbestimmter Ärger, unerklärliche Traurigkeit oder in Form von körperlichen Signalen im Zusammensein mit der Mutter. Spricht das Kind, wenn es dieses Unbehagen in Worte fassen kann, der Mutter gegenüber an, so erntet es nun vielleicht Unverständnis. Was das Kind denn eigentlich wolle, fragen dann derart konfrontierte Mütter, es sei doch einfach perfekt zwischen ihnen beiden. Der Tanz, den diese beiden erlernt haben, ist so selbstverständlich auf der Überkompensation des Kindes erwachsen, dass er beiden in Fleisch und Blut übergegangen ist und nicht mehr bewusst abläuft. Oftmals kann erst ein Mensch, der die beiden nicht gut kennt, diese Dynamik wahrnehmen. Und auch das ist für den Außenstehenden leichter, wenn die Mutter-Kind-Rolle noch klassisch vom Alter her ist: Wenn sich zwei Erwachsene gegenüberstehen, ist dies schwer zu identifizieren. Dann kann es sein, dass äußerlich ein perfekter Tanz vorgeführt wird, Außenstehende von einer tollen Beziehung sprechen, das erwachsene Kind aber äußert: »Ich kann nicht mehr, meine Mutter macht mich fertig!«

»*Herr I. kehrt von einer längeren Urlaubsreise zurück. Sein mitreisender Freund begleitet ihn noch mit in die Wohnung. Als sie dort ankommen, wartet bereits Herrn I.s Mutter: Sie hat ein Willkommensschild aufgestellt, einen Kuchen gebacken und bereits Kaffee aufgebrüht, Herrn I.s Lieblingsgetränke bereitgestellt. Seine Mutter erzählt dem Freund ausführlich, was sie in der Abwesenheit ihres Sohnes in der Wohnung gesäubert und repariert habe. »Ich tue alles für meinen Sohn!«, äußert die Mutter stolz, sich den Schweiß von ihrem letzten Einsatz abwischend. »Zwischen meinem Sohn und mir gibt es gar keine Probleme!«, strahlt sie. Herr I. wird zunehmend stiller, kühl und unwillig. Er sei müde und wolle nun bald ins Bett, äußert er in Richtung der Mutter. Herr I.s Freund schaut verwundert: »Was bist du denn so unhöflich?«, fragt er später. »So eine Mutter hätte ich auch mal gerne, die mich so empfängt, so viel für mich tut und mir sogar meinen Lieblingskuchen backt.« Herr I. hat Mühe, dem Freund gegenüber in Worte zu fassen, was in ihm geschieht: Wieder einmal ist die Mutter uneingeladen gekommen, wieder einmal hat die Mutter in seiner Abwesenheit die Wohnung so arrangiert, wie die Mutter es passend findet, wieder ist sie in die Wohnung gegangen, obwohl sie nur einen Notfallschlüssel ausgehändigt bekommen hatte. Herr I. fühlt sich einmal mehr von der mütterlichen Übergriffigkeit erstickt und erwägt einen Kontaktabbruch. Es fehlen ihm passende Worte, um seine Gefühle dem Freund angemessen zu schildern: Dabei fühlt er sich zugleich schuldig gegenüber der Mutter, die ihm doch so viel Gutes entgegenbringt.*

An dieser Geschichte kann deutlich werden, wie die biografische Tanzgeschichte zwischen Mutter und Kind einen völlig anderen Bewertungshintergrund ergibt, wenn wir die Kindheitserfahrungen dazunehmen. Wenn wir Mütter und Kinder kennenlernen, nehmen wir nur Ausschnitte wahr: Das Gelingen oder Nicht-Gelingen, das subjektive Leiden zu ermessen gelingt nur, wenn wir die gesamte Geschichte betrachten. Wenn wir uns mit erwachsenen Kindern und ihren Müttern beschäftigen, ist es so, als hätten wir den ersten Teil eines Dreiteilers nicht gesehen: Wir müssen den ersten Teil mit anschauen. Und das ist manchmal gar nicht leicht. Wenn der erste Teil zu belastend war, dann müssen sogar die Kinder selbst den Verlauf des ersten Teils vergessen: Dann liegen die Wurzeln der Beziehung zwischen Mutter und erwachsenem Kind unter dichtem Nebel. Aber genau eben diese Zeit schreibt den aktuellen Tanzverlauf mit.

Als-ob-Tänzerin: Wenn der Glanz in den Augen der Mutter fehlt

»*Frau E. erzählt in der Praxis, wie aus ihrer Sicht ihre Magersucht entstanden ist: »Von Beginn an fehlte der Glanz in den Augen meiner Mutter. Ich habe verstanden, ich bin eine Belastung und nicht eine Freude für sie. Daraus habe ich gefolgert: Ich bin nicht richtig, meine Oberschenkel sind zu dick, mein Verstand zu gering, einfach immer ›zu‹. Mein Vater hat mir nicht die Welt gezeigt, sondern saß da, eiskalt, ohne jede Schwingung und Regung. Wenn er etwas gesagt hat, hat er mich vor allem abgewertet. Schon in der Grundschulzeit war ich mit Selbstmordgedanken befasst. Insbesondere, wenn sich meine Eltern stritten, dachte ich, dass ich alle erleichtern könnte dadurch, dass es mich nicht mehr gäbe. Dann hätten sie schon mal eine Belastung weniger, war meine Logik. In der Pubertät schlug das dann in Kämpfe ›gegen‹ um: Ich kämpfte gegen politische Gegner, gegen Atommafia, Kapitalismus etc.: In dieser Phase hätte ich auch Terroristin werden können, wenn mich die entsprechende Szene gefunden hätte. Mit dem Abitur gab ich auf … gleichzeitig (sie sinnt) oder anstatt dessen kam die Magersucht: Ich kämpfte gegen mich selbst.*

Die spätere Bulimie war eine reine Anpassungsleistung, um nicht mehr in eine Klinik zu müssen. Es war dann möglich, ein bisschen satt zu sein und ein bestimmtes Gewicht gerade noch zu halten.«

Sie kennen das: Sie möchten auf eine Party gehen und feiern, tanzen und Spaß haben, der Partner hat jedoch keine Lust. Er macht das, was uns eine Freude ist, nicht gern, und nach langen Diskussionen geht der unendlich Gebetene vielleicht doch mit. Eine rechte Freude wird ein solch erzwungener Abend meist nicht. Beim Versuch zu tanzen benimmt sich der Partner sehr ungeschickt, tritt Ihnen immer wieder auf die Füße, rempelt mit anderen Menschen zusammen. Ihre eigene Freude am Abend ist ordentlich verhagelt.

Was können wir aus dieser Tanzgeschichte ableiten? Wenn Mütter im tiefsten Inneren nicht gern Kinder aufziehen möchten (überhaupt nicht gern tanzen oder nicht mit Kindern), sich aber von ihrem Umfeld genötigt sehen, diese Qualität an den Tag zu legen, dann kann das für beide, und insbesondere für das Kind, ein ziemlich entmutigendes Unterfangen werden. Da dieser Unwille oder auch die Unfähigkeit auch für sie selbst nicht zulässig und nur schwer einzugestehen ist, wird die Als-ob-Tänzerin sich ihren Unwillen gegenüber dem Kind nicht einmal eingestehen. Aktuell beschreiben junge Mütter vermehrt das Bedauern, ein Kind bekommen zu haben (auch als »*Motherhood-Regretting*« bezeichnet). Diese Mutter-Kind-Beziehung ist in einem unendlichen Double-Bind gefangen: Im unguten Fall wird Liebe geredet und Aggression gehandelt. Für die betroffenen Kinder eine verzweifelte Situation, die vor allem in starken Selbstzweifeln münden kann.

Grobi trifft Feingefühl – emotionaler Tollpatsch

Da ist jemand der Schrecken des Tanzkurses. Nicht nur, dass er zur berühmten »Auf-die-Füße-Treter-Gattung« gehört, nicht wirklich tanzen kann, kein Taktgefühl besitzt, nein, hat er Sie einmal aufgefordert und Sie haben eingewilligt, so haben Sie das Gefühl, nie mehr entkommen zu können: Aus dieses Pranken gibt es kein Entrinnen.

Der Führende, nennen wir ihn »Grobi«, hat tragischerweise dafür kein Gespür: Er hat seine Feinfühligkeit irgendwann aufgegeben, sie vielleicht auch nicht besessen. Er hat kein Gefühl für sich und kann es auch nicht der Tanzpartnerin gegenüber aufbringen. So zerquetscht er Hände, malträtiert Füße, leider auch Seelen. Er kontert hilflose Blicke der Tänzerin mit flapsigen Sprüchen, die nur er selbst witzig findet … er versteht nicht, warum er fortwährend Körbe bekommt, wo er doch sein Bestes gibt und die Damen über den Tanz hinaus noch großzügig zu Getränken einlädt.

Da wird uns ein wenig angst und bange: Wenn Mütter das »Grobi-Gen« tragen, dann wird nicht sanft gestillt, sondern angelegt (da wartet man nur noch auf das militärische Kommando »schießen«), dann sind Bedürfnisse des Kindes nicht zu erspüren, sondern es gibt Pläne, einen Fütterplan etwa, nach dem sich das Kind zu richten hat (unter den Müttern der Nachkriegsgeneration noch sehr verbreitet). Kindern von Grobi-Müttern wird verdammt viel auf die Füße getreten. Wenn diese Kinder dann, in diesem Fall muss man »leider« hinzufügen, zur Gattung der Feinfühligen gehören, gibt es ein großes Problem: Das feinfühlige Kind muss sich ständig in Sicherheit bringen, beobachten, wann die nächste Zu-Festhalte-Attacke droht, wann sein nächster Schmerzschrei verhöhnt wird: Es baut hohe Mauern um sich, damit Grobi, womöglich durchaus gutwillig, nicht noch mehr zerstören kann. Im Erwachsenenalter leiden diese Betroffenen dann häufig unter einer ihnen unverständlich erscheinenden Scham, unter chronifizierter Körperspannung sowie unter Enge- und Beklemmungsgefühlen. Das Gefühl für die Sicherheit der eigenen Körpergrenze konnte kaum entwickelt werden. Besonders schwer wiegt, wenn Grobi gut »austeilen« kann, aber kaum einstecken.

Oftmals sind Grobi-Menschen durchaus in der Lage wahrzunehmen, dass ihr Umfeld wenig begeistert von ihnen ist. Auf Unwohlbekundungen ihrer Kinder reagieren sie dann besonders empfindsam in Bezug auf ihre eigene Verletzlichkeit, aber sehr grob im Ausleben ihrer Reaktionen. Dies kann zu einem leiblichen Verstummen derart betroffener Kinder führen, insbesondere bei den feinfühligen: Sie wollen sich weitere Angriffe und Überwalzungen ersparen.

Grobi-Mütter sind oft wohlmeinende Grenzverletzerinnen. Sie bemerken nicht, wenn ihre eigenen Bedürfnisse nicht im Einklang mit den Bedürfnissen ihrer Kinder stehen. Oftmals empfinden sie ihre Kinder als Eigentum und erheben selbstverständlichen Anspruch auf deren Eigentum, Wissen oder andauernde Unterstützung. Sie selbst zeigen sich jedoch sehr empfindlich gegenüber Zurückweisung, oftmals ist dies ihre tiefe Narbe aus Kindheitstagen: Aus einer vereinnahmenden Umarmung kann leicht ein Schwitzkasten werden, aus dem Betroffene erst entlassen werden, wenn sie den Wünschen der Grenzverletzerin nachgeben (Berger, 2014).

Trifft eine Mutter der Marke »Grobi« auf ein ähnlich gestricktes Kind, das sich selbst von der Feinfühligkeit verabschiedet oder diese auch nicht in die Wiege gelegt bekam, so ist diese Verbindung weniger schwierig, da die beiden unter Umständen an ihrem groben Tanz Freude finden. Das feinfühlige Kind steht dieser Beziehung umso irritierter gegenüber. Oft entwickeln Kinder in solchen Konstellationen das Gefühl, nicht wirklich in diese Familie zu gehören, bei der Geburt vertauscht worden oder doch ein verschwiegenes Adoptivkind zu sein.

Gebraucher und Verspotter: Würdegefährder

Wenn zwei Menschen miteinander tanzen, ist es im Idealfall für beide eine große Bereicherung. Schwierig wird es, wenn eine Person die andere lediglich für ihren eigenen Tanz braucht, die negative Fortschreibung im Wortlaut wäre »Missbrauch«. Dann drohen massive Würdeverletzungen. »Wenn unsere Würde in Gefahr ist, dann liegt es oft daran, dass unser Leben als Subjekt in Gefahr ist« (Bieri, 2013, S. 23). Da möchte jemand als guter Tänzer dastehen, er braucht jemanden, an dem er sich als guter Tänzer erweisen kann. Sein Gegenüber droht nicht um seiner selbst willen zum Tanz aufgefordert zu werden, sondern als Mittel zum Zweck des anderen. So mag es durchaus sein, dass dieser Tanz, von außen angesehen, den Anschein völliger Normalität erweckt: Jedoch hinterlässt das ledigliche »Gebrauchtwerden« nachhaltige negative Spuren. Der Missbrauch ist somit im schlimmsten Fall für Außenstehende nicht sichtbar.

Wenn Frauen ein Kind vor allem bekommen, weil es in ihrer Familie angesagt und erwartet wird, weil es dem eigenen Selbstwert dient, um den Ehepartner stärker zu binden, vielleicht um endlich als gute Tänzerin dazustehen, dann kann das für die von diesen Gebrauchern geborenen Kinder eine große Lebensbelastung sein. Erschwert wird dieser »Gebrauch« durch die Situation, dass dies durch die eigene Mutter geschieht: Von der eigenen Mutter im ersten Tanz benutzt zu werden, wird als schwer belastend und lebensprägend erlebt. Sie wiegt so schwer, dass sie eine der Erfahrungen ist, die oftmals in das Dunkel der eigenen Biografie verdrängt wird. Das Ins-Dunkel-Tauchen und Vergessen ist oftmals als Preis für Zugehörigkeit verlangt: Dann wird das Vergessen-Müssen des Gebrauchens (bis hin zum Missbrauch, auch emotionaler Art), das sich Aufgeben-Müssen, die eigene Würde über Bord zu schmeißen, zur Eintrittskarte in den familiären Tanzsaal. Über Jahre und Jahrzehnte eingesetzt, wird die eigene Würdelosigkeit zur zweiten Haut. Immer wieder geraten Menschen dann, einem unsichtbaren Resonanzprinzip folgend, wieder und wieder an Menschen, die sie gebrauchen, bin hin zum weiteren Missbrauch – eine tragische Entwicklung.

Noch weiter geht diese Form des Gebrauchens, wenn der führende Tänzer dem Hilflosen und des Tanzes noch nicht Mächtigen seine Ohnmacht vorführt. Dann ist die Ohnmacht in großer Nähe zur Demütigung. Da wird dem kleinen Kind, das noch kein Wasserglas tragen kann, diese Aufgabe aufgetragen, die es von seiner Entwicklung her noch nicht ausführen kann, um es dann auszulachen. Es soll einen komplizierten Solotanz vorführen, den es aufgrund seiner Entwicklung nie wird vortanzen können. Sein Tanz wird genutzt, um sich erheben zu können, um auszulachen und vorzuführen. Solche kollektiven Beschämungspraktiken berichten einige Klienten. »So, Kinder, und wer hat das mal wieder kaputt gekriegt, ihr wisst es schon; das war wieder unser Simon!« Beschämung als Mittel der Entwürdigung ist in vielen sogenannten »Erziehungspraktiken« leider keine Seltenheit. Oftmals sind diese Tänzer Menschen, die in ihrer eigenen Kindheit Demütigung und Beschämung erlebt haben. Zu einer guten Entwicklung einer Mutter-Kind-Beziehung gehört ein demütigungsfreier Raum. Ist dieser fortlaufend nicht vorhanden, so versucht der hilflose Tänzer, aus dem Geschehen zu entfliehen. Gibt es keinen Weg von der Tanzfläche, hält der Führende ihn etwa gegen seinen Willen fest, bleibt nur die Flucht in das Innere: eine Burg und Festung, hinter die die Mutter nicht kommen kann. »Hier kriegst du mich nicht.« Die letzte Bastion des Kindes. Ein weiser Schutz der Seele, der vor weiteren Übergriffen und seelischen Zerstörungen schützen soll.

Bevormunder und Überversorger

»Ich weiß, wie der Tanz geht.« »Ich weiß, wie wir uns bewegen müssen.« »Ich weiß, was dir guttut.« »Ich weiß, welche Tänzerin du werden musst.« »Ich weiß, wie du aussehen musst, weiß, was dich passend kleidet, was dich für andere attraktiv macht«... Die Kette der Sätze ließe sich endlos fortsetzen. Wenn der Tanzpartner so auf die Fläche kommt, kann das zunächst Sicherheit und Orientierung vermitteln.

Wir übersetzen: Für ein kleines Kind kann diese Führende im Tanz eine tolle Orientierung liefern. Wenn das Kind aber den hilfebedürftigen Altersstufen entwachsen ist und Tanzpartnerin Mutter ihre Rolle nicht aufgibt, dann kann es schnell zu Entwürdigung und Demütigung kommen. Dann ist zu fragen, ob dieser Tänzer nicht anders kann oder ob er seine despotischen Züge ausleben muss. Will er bestimmen, weil er nur so Macht und Kontrolle empfindet? Solange das Kind nicht selbst entscheiden kann und keinen Willen hat, ist das Verhalten korrekt gewesen, aber die Mutter, die der 40-Jährigen sagt, was sie anzuziehen hat, was sie essen muss und welcher Umgang ihr guttut, erscheint meist unangemessen. Die Mutter tut dies vielleicht nach ihrem besten Wissen: Natürlich müsse sie das tun, ist sie überzeugt, müsse sie dagegenhalten, sagt sie, denn die Tochter sei unreif und wisse einfach nicht, was richtig für sie sei. Zeit ihres gemeinsamen Lebens verhindert die Mutter ihrem Eindruck nach Schlimmeres, indem sie die Freiheit der Tochter begrenzt. Und das ist nicht nur im Erwachsenenalter so: Immer wieder treffen Eltern Entscheidungen nach ihrem besten Gewissen, die von anderen und vom Kind selbst skeptisch gesehen werden können: Impfungen, Vorsorge und Ernährungspläne liefern hier ein weites Betrachtungsterrain. Sie haben ein Recht, ihre eigene Meinung über ihr Leben zu vertreten und zu leben.

Als Erwachsene haben Kinder spätestens ein Recht, ihre eigene Meinung über ihr Leben zu vertreten und zu leben: Kinder dieser Mütter verspüren jedoch noch oft als Erwachsene eine tiefe Selbstverunsicherung: Es ist ihnen so in Fleisch und Blut gegangen, dass jemand anderes es für sie besser weiß. Das Zutrauen zu sich selbst konnte hier kaum wachsen. Da eigene Entscheidungen immer kritisch belegt wurden, besteht oft auch eine große Schwierigkeit, sich zu entscheiden und eine eigenverantwortliche Position zu beziehen. Manche dieser Kinder geraten in ihrer Hilflosigkeit lebenslang in eine ungute Opferrolle.

Eislaufmütter auf dem Parkett: Wenn Mütter siegen wollen

Manche Mütter scheint mit der Geburt ein Drehbuch für ihre Kinder mitgeliefert worden zu sein: Sie wissen bereits, welchen Look ihre Kinder tragen sollen, welchen Beruf sie erlernen werden, wie ihr späteres Familienleben aussehen wird und vor allem: dass sie erfolgreich sein müssen. Die Mama freut sich so sehr auf die vielen Erfolge ihrer kleinen Dancing-Queen, und sie wird sie dabei auf Schritt und Tritt begleiten. Im Gegensatz vielleicht zu ihrer eigenen Mutter, die ihr nie zuschaute und sich nicht für ihre Erfolge interessierte. Hier nun arbeiten alle in der Familie: Der Erfolg der kleinen Prinzessin ist ihr Lohn, ihre Bestätigung.

»Meine Mutter ist wohl eher so eine Eislaufmutter … sie würde mich auf das Parkett schicken und ich müsste stellvertretend für sie glänzen … und wehe, ich machte einen Fehler!«

Die Dimension der Aggressivität der Eltern habe zugenommen, so ein Sportpsychologe der Uni Köln. Kinder würden aufgefordert, den Gegner einfach mal zu treten, Trainer würden beschimpft: Die Mannschaftsaufstellung soll sich nach den Bedürfnissen des eigenen Kindes richten. Alle anderen sind Feinde, die nicht sehen, wie begabt das eigene Kind sei. Man richte nun eigens eine Fairplay-Liga ein, in der die Kinder selbst machen dürften und Eltern ausdrücklich außen vorblieben. Teilweise sei sogar ein Ausschluss der Eltern von der Anlage nötig. Die neuen Helikoptereltern werden auf vielen Ebenen beschrieben. Dies als individuelle Macke anzusehen, ist sicher keine hinreichende Erklärung: Der zunehmende gesellschaftliche Druck einer Gewinnergesellschaft findet hier sicherlich eine ungute Spielform.

Je mehr Wissen wir ansammeln, umso unwägbarer die Welt, umso zentraler offenbar der Einfluss der Mutter: für die einen ein Anspruch, immer perfekter zu werden im Umgang mit ihrem Kind; für die anderen eine resignativ endende Überforderung. Jetzt schon zeigen Privatsender Sendungen, in denen bewertet werden soll, wer die bessere Mutter ist.

Eng einher geht dieser Tanz mit Macht- und Kontrollansprüchen, die von manchen Müttern offenbar schwer aufzugeben sind. Teilweise grenzt dieser Tanz an umfassende Überwachung, als Erziehung getarnte Entwürdigung. Entwürdigung findet gerade dann statt, wenn an dieser Tanzweise nicht gezweifelt werden darf, Kinder mit eigenen Argumenten kein Gehör finden, wenn sie nicht diskutieren dürfen. Aus durchaus fürsorglichen Gedanken und Absichten entstehen Handlungen, die von Kindern und anderen als Bevormundung empfunden werden können. Kinder von Eislauf- und Helikoptermüttern sehen sich oft ein Leben lang in einen Film gestellt, von dem sie nicht wissen, ob sie hier eigentlich die Hauptrolle spielen wollten. Ihren Ausstieg setzen ihre Mütter mit persönlichem Versagen, ja oft mit dem Versagen der gesamten Familie gleich: In diesen Fällen haben Kinder kaum eine Wahl und fühlen sich noch als Erwachsene wie Marionetten. Ebenso verspüren sie einen unerträglichen Druck, Höchstleistungen abzuliefern: Mittelmaß bedeutet hier Versagen und Beleidigung an die geleisteten Anstrengungen aller.

Macht, Gewalt und unsichtbare blaue Flecken: Wenn die Tanzfläche zur Arena wird

Im Musical West-Side-Story ist es eindrucksvoll in Szene gesetzt: Verfeindete Banden tanzen, kämpfen, es blitzen Messer auf. Ein falsches Wort genügt. Die Protagonisten sind so unter Spannung, dass sie nur darauf warten, endlich auszurasten, endlich ihre Aggressionen im Kampf auszuleben. Im Musical gibt es einen tragischen Tod.

Auch das Terrain zwischen Mutter und Kind kann zu einer Arena werden: Hochspannung, Kampf, Aggression bis hin zu gewalttätigen Exzessen bestimmten hier den Tanz. Dieser Tanz findet meist hinter heruntergelassenen Rollläden und schalldicht abgedichteten Fenstern statt. Somit erleben Menschen in ihren Familien, wenn sie tanzen möchten, oft Schlimmes: Für manche unserer Klienten waren Schläge an der Tagesordnung. Und nie wussten die Betroffenen, wann es sie wieder ereilen würde. Ihre Mütter erlebten sie mehrfach ungut: einerseits als Täterin und selbst ihre Kinder Schlagende, andererseits als diejenige, die nicht einschritt, wenn der Vater oder andere Familienmitglieder Gewalt anwendeten.

Seelische Gewalt ist eine psychologische Misshandlung. Sie ist eine der Verwicklungen in Familien, vor allem, wenn sie für Außenstehende unentdeckt bleibt, die oft von Generation zu Generation weitergegeben wird. »Bisweilen verkleidet sich diese Misshandlung als Erziehung« (Hirigoyen, 2000, S. 51). Alice Miller (2012) sprach in diesem Zusammenhang von »schwarzer Pädagogik«.

Im Sinne der UNO-Kinderrechtskonvention unterscheiden wir verbale Gewalt, sadistische und abwertende Verhaltensweisen, Ablehnung von Gefühlen, unangemessene Anforderungen in Bezug auf das Alter des Kindes und widersprüchliche Verhaltensmaßregeln. Da der Partner nicht getroffen werden kann, sich etwa entzieht, werden die Aggressionen am Kind ausgelassen. Alles wird so eingerichtet, dass niemand etwas bemerkt und das Kind selbst ein Nichts zu werden droht: keine Spuren, kein Blut, kein Leichnam. »Der Tote ist lebendig, und alles ist normal« (Hirigoyen, 2000, S. 64). Eltern glauben, sie haben ein Recht oder einen Auftrag zu schlagen, sind als Kinder vielleicht selbst Opfer oder Zeuge von Gewalt geworden und es fehlt ihnen an Handlungsalternativen, Gewalt in der Familie zu erleben ist schlimm: eine tiefe Wunde; auch wenn das Kind nicht selbst geschlagen wurde, sondern »nur« zuschauen musste.

Interparentale Gewalt

Wenn Kinder Zeuge von Gewalt zwischen Eltern werden, in der Fachsprache auch als »interparentale Gewalt« bezeichnet (Jouriles, Norwood, McDonald & Peters, 2001), gilt dies als psychische Kindesmisshandlung. Das Mitansehen der Gewalt zwischen den Eltern kann verheerende Auswirkungen auf das körperliche und seelische Wohl eines Kindes haben: Das Kind versucht in derartigen gewalttätigen Auseinandersetzungen, psychische Sicherheit zu erlangen – die Reaktionsmuster (z. B. erhöhte Wachsamkeit, Vermeidung der Situation, Eingreifen in die elterliche Gewalt, Gefühllosigkeit) begünstigen das Risiko für Depressionen, Angst- und Impulskontrollstörungen sowie Verhaltensauffälligkeiten. Der Versuch der Aufrechterhaltung von Sicherheit kostet das Kind ein immenses Maß an biopsychischer Energie, die eigentlich für die physiologische Regulation und die Erhaltung der Homöostase benötigt wird: Die starken physiologischen Reaktionen können zu Stress und letztlich zu psychischen Krankheiten führen (Davies & Sturge-Apple, 2015).

Wenn der Tanz nicht stattfindet: ins Leere laufen und am ausgestreckten Arm verhungern

Im Tanz des Paares spiegeln sich Intimität und Übereinstimmung, ein Innenraum entsteht und wird in der Aufführung der Außenwelt präsentiert. Je mehr sich die Körper und die Bewegungen ineinander verschränken, umso ansprechender wirkt in der Regel der Tanz auf die Zuschauer, umso mehr können ihn die Tanzenden genießen.

In der Beziehung zwischen Mutter und Kind kann es zu einem beinahe osmotisch zu nennenden Austausch und Verschmelzungsprozess kommen: Je mehr sich das Erleben von Mutter und Kind ineinanderwebt, umso höher ist die seelische Intimität. Je jünger das Kind ist, umso mehr ist es darauf angewiesen, dass die Mutter seine zunächst nicht sprachlichen und sprachlichen Botschaften aufnimmt, entschlüsselt und versteht. In nahen Begegnungen lässt es die Partner nicht kalt, was der andere erlebt, tut oder sagt. »Es entsteht eine Hitze der Wechselseitigkeit« (Bieri, 2013, S. 99).

Läuft das Kind mit seinen Botschaften ins Leere, bekommen Tanzbewegungen kein Echo, keine Resonanz, so wird der Tanz sich erübrigen. Je länger und öfter Kinder resonanzlos ins Leere laufen, ihre Bewegungen und Körperimpulse etwa, ihre Blicke und Äußerungen keine Erwiderung, keine mütterliche Antwort erfahren, umso negativer sind die Auswirkungen: Einige werden mehr und mehr in sich zusammenfallen und ihre Regungen unterdrücken, damit sie die Resonanzlosigkeit nicht neuerlich verletzt. Hier kommt Begegnung meist kaum zustande.

Anders verhält es sich, wenn sich einer (oftmals die erwachsenen Kinder, aber auch manchmal die Mütter) aus einem guten früheren Tanz zurückzieht. Wenn aus einer guten wechselseitigen Beziehung, etwa in der Ablösung des erwachsenen Kindes, eine distanzierte Beziehung wird, wird dies auf beiden Seiten sehr schmerzhaft erlebt. Das erwachsene Kind stellt sich tot, um nicht mehr erreichbar zu sein für Vorwürfe und Vorhaltungen, für erlebte Grenzüberschreitungen. Einer von beiden will nicht mehr tanzen und lässt den anderen am ausgestreckten Arm verhungern. Ihr Inneres wollen sie schützen, beschreiben erwachsene Kinder dann.

»Es ist, als wäre ich nicht mehr ich und nur noch meine Hülle kommuniziert mit ihr«, beschreibt Frau H. »Ich lass sie nur noch reden und höre nicht mehr hin, und anschließend hasse ich mich dafür, wie gemein

ich bin. Ich glaube, sie merkt, dass sie mir eigentlich lästig ist. Ich ertrage sie kaum noch! So, als würde ich jedes Mal meine Leitungen abklemmen, wenn sie den Raum betritt. Ich schalte auf Durchzug. Ich konnte ihr nie sagen, was mich stört, nie etwas sagen, wie es für mich ist. Immer hat sie erpresst oder mich mit Tränen zum Schweigen gebracht. Immer ging es nur um sie. Jetzt kann ich nicht mehr!«

Sprachlosigkeit zwischen Müttern und Kindern kann zu einer großen Entfremdung führen. Manchmal ist diese so groß, dass das Beziehungsende da zu sein scheint. Dieses Ende wird dann oftmals innerlich vorvollzogen, jedoch äußerlich wird die Beziehung oftmals scheinbar aufrechterhalten. Manche Mütter und Kinder leben in diesen quälenden Beziehungen über Jahrzehnte. Oftmals wird damit auch eine alte offene Rechnung beglichen: Früher hast du mich stehen gelassen, jetzt bin ich erwachsen und zahle es dir heim, scheint es aus dem Unterbewussten zu schreien. Zugleich setzen Schuld und Moral ein. Auch die Einstufung als »krank« kann Ausdruck einer inneren Distanzierung sein, die die Begegnung vermeiden möchte. Oftmals geht es auch um fehlende Anerkennung: Da hat ein Kind über Jahrzehnte die tollsten Tänze vollführt und die Mutter »gut« aussehen lassen – und nie ein Dankeschön erhalten.

Gerade Kinder aus belasteten Familien (wie etwa Kinder von alkoholkranken Müttern) kennen das zu gut: Sie schmeißen womöglich den Haushalt, kümmern sich um Geschwister, sind die emotionalen Ansprechpartner (»Therapeut« der Mutter), und nie wird ihre Leistung gewürdigt; im Gegenteil, sie werden auf Fehler hingewiesen, die sie angeblich in der ohnehin viel zu großen Aufgabe (eigentlich Aufgabe der Mutter) begangen hätten. Tadel statt Lob. Hier werden nicht nur die Augen vor der Leistung der Kinder verschlossen, sondern sie werden geschmälert, abgewertet oder gänzlich übersehen. Anerkennung durch Wertschätzung erfahren diese Kinder meist nicht: Sie laufen mit ihren Leistungen ins Leere. So weitgehend, dass sie später als Erwachsene selbst daran zweifeln, viel für ihre Familien getan zu haben.

Viele Kinder erfahren statt Wertschätzung verächtliches Übersehen.

Mit oftmals weitreichenden Folgen: Sie drohen als Erwachsene, ähnliche Konstellationen zu suchen, in denen sie erneut, etwa in ihrem Arbeitsfeld, ins Leere gehen mit ihrer Leistung und Anstrengung.

Bankräuber wider Willen: Wie mütterliche Bilder Tanzgeschichte schreiben

Menschen können für andere unfreiwillig zur Bedrohung werden. Auch Kinder können ohne jedes Zutun für ihre Eltern eine Bedrohung darstellen. Holen wir etwas aus: Stellen Sie sich etwa vor, Sie möchten auf Ihrer Bank Geld einzahlen und wollen mit freudiger Miene zur Tat schreiten. Was Sie nicht wissen ist, dass es gerade eine Eilmeldung an die Bankmitarbeiter gegeben hat, dass sich in der nächsten Zeit ein Mensch melden wird, der die Bank ausrauben wird: getarnt als harmloser Mensch. Nun wollen Sie die Bank betreten, und vor Ihnen knallt ein Eisen herunter. »Ich möchte nur kurz Geld einzahlen!«, rufen Sie mit freundlicher Miene. »Jaja«, denkt der Bankangestellte, »… du legst mich nicht rein, du hinterlistiger Räuber.« Alle ihre beschwichtigenden Worte verpuffen: Sie sind in einen Kontext geraten, in dem Sie mit Ihrer Einzahlung, die sogar dem Institut zugutekäme, chancenlos sind. Es ist ein Bild von Ihnen entworfen worden, eine Zuschreibung oder auch Bewertung entstanden, die zunächst einmal nicht aufzulösen ist – bis vielleicht andere, etwa die eintreffende Polizei, im günstigsten Fall dies für Sie aufklären können. Wie Kinder für ihre Eltern zur Bedrohung werden, kann die unterschiedlichsten Kontexte haben:

- da ist nicht sicher, ob der Sohn tatsächlich das Kind des Ehemannes ist, und erinnert durch seine Präsenz an einen sittlich für die Mutter nicht mehr gern zu erinnernden Moment
- da bringt ein Kind so viel Gefühl und Sensitivität mit, was die Mutter doch vergessen und abspalten wollte
- da erinnert die Tochter exakt an die hochbegabte Schwester, durch die sich die Mutter zeit ihres Lebens in den Schatten gestellt fühlte
- da wird die Frau schwanger, der der Vater doch immer gepredigt

hat, dass Frauen die Karriereleiter herunterpurzeln, ihr Leben vertan haben, wenn sie ein Kind bekommen
- da gebärt die Frau eine Tochter in der Familie, in der Frauen als »Schlampen« gelten.

Sie bemerken, die Liste ist unendlich lang und kann sicher durch Sie fortgesetzt werden: Wenn jemand ein Kind unter der Kategorie »Bankräuber«, um im Bild zu bleiben, verbucht hat, dann werden die Bemühungen des Kindes mit diesem isolierten Blick angesehen: Dann wird jemand von Kind an zur Bedrohung, ohne dass er oder sie Bedrohliches getan hätte oder in sich trägt. Gefährlich wird es, wenn Mütter selbst in ihrer Säuglingszeit traumatisiert wurden. Das Schreien des Babys nun lässt alte »Filme« in ihnen hochsteigen: Sie verhalten sich nun vielleicht unangemessen, lassen das Baby schreien oder brechen unvermutet den Kontakt ab, werden selbst zu schreienden Monstern. Sie wiederholen, ohne es zu ahnen, Schreckliches aus ihrer eigenen Kindheit (Fraiberg, 2011).

Kennen Sie das, wenn Sie unschuldig verdächtigt werden? Gerade die feinfühligen und sensiblen Menschen bemerken dies so exakt, dass sie fortan mit den Gefühlen ihres Gegenübers beschäftigt sind. Was muss ich tun, um nicht als Bankräuber eingestuft zu werden, besser einen Schritt zurück als nach vorn? Freundlich lächeln oder neutral schauen? Wie mache ich mich unverdächtig wird nun zum bestimmenden Handlungsantrieb. Und wenn das über lange Zeit anhält, haben diese Menschen auf einmal etwas vom Bankräuber in sich aufgenommen, spüren eine Scham, ohne sich schuldig gemacht zu haben: Der Blick der anderen schreibt ihnen eine Identität zu, gegen die sie lange kämpfen und manchmal, gleichsam als resignativen letzten Akt, annehmen. »Dann einfach Bankräuber sein, wenn man eh als einer gilt«, sagen sich diese Kinder noch als Erwachsene. Die Geschichten von Menschen, die in ihren Familien ausgegrenzt wurden, als Sündenböcke galten, als »Hexen«, VerführerInnen, Satansbraten, sind zahlreich und schmerzhaft.

Ebenso wie die mütterliche Zuschreibung sehr wirkmächtig sein kann, können auch in den Kindern mit der Zeit Konstruktionen und Annahmen über ihre Mütter entstehen. Auch in der kindlichen Zuschreibung kann die Mutter zur »bösen Hexe« werden: Da verlässt die Mutter etwa den süchtigen Vater, und die Oma gibt an all dem familiär Passierten allein der Mutter, ihrer Schwiegertochter, die Schuld. Das Kind, das zu dieser Zeit im Grundschulalter ist, hat fortan furchtbare Angst vor der Mutter, die, wie die Oma orakelt, auch das Kind verhexen wird, wenn es sich nur mit ihr einlasse.

Selbsterfüllende Prophezeiung

Das oben beschriebene Phänomen findet sich im sozialpsychologischen Begriff der *»selbsterfüllenden Prophezeiung«* wieder (Aronson, Wilson & Akert, 2008): Sie besagt, dass die Erwartung über ein bestimmtes Verhalten oder Ergebnis (sei es positiv oder negativ, sei es das eigene oder das eines anderen Menschen) dazu beiträgt, dass dieses auch tatsächlich eintritt. So zeigte sich beispielsweise in einem klassischen Experiment von Rosenthal und Jacobson (1966), dass Schüler, deren Lehrern zuvor mitgeteilt wurde, dass diese (per Zufall ausgewählt) besonders begabt seien, ihre Leistungen im Unterricht steigern konnten – unbewusst durch das Verhalten der Lehrer herbeigeführt, beispielsweise durch verstärkte persönliche Zuwendung oder Quantität und Qualität von Lob oder Strafe. Auch zwischen Müttern und ihren Kindern kann es zu sich selbsterfüllenden Prophezeiungen kommen.

»*Erst im Erwachsenenalter kann Frau H. im Rahmen einer Therapie Kontakt zu ihrer Mutter aufnehmen und sich nun selbst ein Bild machen. Sie ist sehr überrascht, dass dieses Bild mit den Schilderungen der Oma für sie nicht übereinstimmt. Eine späte Annäherung zwischen Mutter und Kind wird möglich.*

Wenn ungünstige Konstruktionen, Erwartungen den Tanz bestimmen, dann droht er schwierig zu werden. Werden die Konstruktionen nicht als Konstruktionen erkannt, leben Mutter und erwachsenes Kind im schlechten Fall weiterhin mit ihrem inneren Bild: und haben sich nie wirklich kennengelernt.

Jedes Tanzpaar, jede Tanzgruppe kennt es: Die Choreografie muss eingeübt und unendlich oft wiederholt werden. Tanzen ist das Zentrum. Aber dazwischen erfolgen Gespräche, wie der letzte Tanzversuch gelaufen ist. Was muss verbessert werden, wie fühlen sich die Tanzpartner, wer hat einen Vorschlag, der den Tanz noch besser werden lässt. Gerade wenn die Kinder erwachsen geworden sind (aber natürlich auch schon vorher), ist es wichtig, dass eine Begegnung stattfinden kann zwischen Mutter und Kind. Damit Mutter-Kind-Beziehungen zu Begegnungen werden, in denen Resonanz erlebt werden kann, gehört auch, benennen und besprechen zu dürfen, wie es den Einzelnen in der Beziehung geht. »Wenn sich Menschen begegnen, die auf dem Weg zur Selbständigkeit sind, dann muss sich ihre Beziehung nicht darin erschöpfen, dass die Wünsche und Affekte blind Regie führen« (Bieri, 2013, S. 151).

Aus einem gesunden Abstand heraus kann es zwischen erwachsenen Kindern und ihren Müttern hilfreich sein, Fragen zu besprechen wie:

- Was ist mein Anteil an dieser Beziehung?
- Wie passt das Bild meiner Mutter zu meinem Selbstbild und wie ihres zu meinem?

Diese Fragen besprechen zu können, setzt ein Maß an Reflexionsbereitschaft und -fähigkeit voraus. Etwas, das nach unseren Erfahrungen nicht als selbstverständlich gegeben angenommen werden kann. Etwas, das sich unsere Klienten im Umgang mit ihren Müttern erarbeiten mussten – nicht alle Mütter sind gesprächsbereit, auch nicht alle Kinder. Wir sind der Überzeugung, dass Ihr Tanz mit Ihrer Mutter, abseits gesprochener Worte, von Ihrer Seite veränderbar ist. Dazu eine kreative Anleitung.

Kreative Selbsterfahrung: Mutter und ich auf der Bühne

Die Tanzpaare, ebenso wie Mutter und Kind, sind unterschiedlich und vielfältig. Waren Sie und Ihre Mutter in unserer Beschreibung dabei? Machen Sie ein kleines Experiment: Nehmen Sie sich nun ausreichend Zeit und lehnen Sie sich zurück an einem Ort, an dem Sie ungestört sind. Gehen Sie mit Ihrer Achtsamkeit zu sich, indem Sie Ihren Atem wahrnehmen ... nicht bewerten ... nur wahrnehmen mit dem Bewusstsein: Ich atme ein, ich atme aus ... nichts ändern müssen ... wenn Sie mögen, mit jedem Ausatemzug ein wenig tiefer sinken ... kommen Sie wie mit einem Fahrstuhl zu Ihren inneren Bildern ...

Stellen Sie sich vor, Sie sitzen im Theater. Vor Ihnen wird eine Tanzaufführung mit zwei Personen aufgeführt: Sie nehmen überrascht wahr, dass es sich bei der Aufführung um ein Stück handelt, in dem die Tänzer Sie und Ihre Mutter in einer typischen Szene darstellen ... schauen Sie ein wenig zu, genau so lange, wie es angenehm für Sie ist ... seien Sie geduldig, wenn die Bilder sich nur langsam einstellen ... achten Sie darauf, welche Musik gespielt wird ... hören Sie sie vor Ihrem inneren Auge ... wie sind die Bewegungen der Tanzenden ... gibt es eine Choreografie ... eine Handlung ... wie sieht die Kulisse aus ... geben Sie dieser Aufführung abschließend einen passenden Titel und kommen allmählich mit Ihrer Aufmerksamkeit in den Raum zurück.

Und nun machen Sie gern ein paar Notizen in Ihr Begleitbuch. Sie können die kreative Selbsterfahrung auch noch einmal wiederholen, wenn Sie heute nur schwer in die Bilder hineingekommen sind. Manchen Menschen hilft es, wenn Sie den hier geschriebenen Text auf ein Band sprechen (meist gibt es diese Diktierfunktion auch auf Handys u. ä.) und dann abspielen.

Kreative Selbsterfahrung: Happy End

Setzen Sie die kreative Selbsterfahrung nun fort. Lehnen Sie sich erneut zurück, nehmen Sie eine Position ein, die Ihnen angenehm ist (legen Sie sich nur dann hin, wenn Sie sicher sind, dass Sie nicht einschlafen). Gehen Sie erneut mit Ihrer Achtsamkeit zu Ihrem Atem ... und nun gehen Sie wieder zu Ihren inneren Bildern ... Sie sehen, dass die Fortsetzung Ihres Stückes gespielt wird ... und nun endet der Tanz mit einem Happy End ... nehmen Sie genau wahr ...
Welche Musik wird gespielt? Schauen Sie Ihrem Stück zu ... nun sind Sie Regisseur ... Sie ändern exakt alles so, wie Sie es gern hätten ... seien Sie ganz genau ... bestimmen Sie die Position der Tanzenden, die Kulisse, die Handlung und Choreografie ... schauen Sie so lange, bis Ihr Stück so gespielt wird, wie Sie es jetzt gerne hätten.
Kommen Sie dann allmählich in den Raum zurück mit Ihrer Aufmerksamkeit. Finden Sie für Ihr zweites Stück auch eine Überschrift ... welches Bild möchten Sie bewahren? Beschreiben Sie den Ausschnitt, der Ihnen wichtig ist, nun in einigen Worten oder Symbolen ...

Was nehmen Sie aus dieser kreativen Selbsterfahrung für sich mit? Haben Sie Neues erfahren?

Vielleicht sind kreative Anregungen für Sie neu und fremd … dann ist diese Art der Arbeit sicher eine Herausforderung. Spielerisch und auf kreativen Wegen können wir die Kraft unserer inneren Bilder nutzen, hier können wir unsere Beziehungen umgestalten … »Aber was nützt das?«, fragen Sie vielleicht, »die Realität bleibt ja unverändert.« Unsere Erfahrung zeigt, wenn wir alte Bilder und Muster mit neuen verknüpfen, dann passieren Umbauprozesse in unserem Hirn, die neue Wege freilegen. Unser Unbewusstes verfügt über kreative Anregungen, die uns so zunächst nicht zugänglich sind. In unserer Arbeit sind wir immer wieder überrascht, über welche kreativen Potentiale unsere Klienten verfügen: Gerade auch diejenigen, die vorher keinen Zugang zu kreativen oder künstlerischen Methoden hatten, bemerken, wie positiv diese kreativen Prozesse in ihr reales Leben wirken.

Solo, Salsa, Nichttänzer oder Dance-Company?

Wenn Klienten ihre inneren Tanzbilder beschreiben, dann sind diese Bilder eindrucksvoll und ehrlich. Hier treten oftmals ungewöhnliche Paare auf … und meist könnte wirklich nichts die Bilder, die entstehen, die Beziehung zwischen Mutter und Kind deutlicher beschreiben.

»Der Tanz hat auf der ersten Bühne gar nicht stattgefunden. Wir kamen niemals auf der Tanzfläche an … meine Mutter hatte wie immer Wichtigeres zu tun: Sie musste sich um den Haushalt kümmern und telefonieren und und … Zeit zu tanzen, wo kämen wir denn da hin, hörte ich meine Mutter sagen … in der zweiten Szene habe ich meine Mutter festgehalten und gezwungen stehen zu bleiben: Zum ersten Mal hatte ich den Eindruck, dass sie mich wirklich sieht, als sie zur Ruhe, zum Stehenbleiben gezwungen ist … Ich werde ihr das nun abverlangen: Ich werde sagen: Schau mich einmal wirklich an und nimm mich wahr!«

Die Tanzfläche nicht zu erreichen, ist in diesen inneren Bildern nicht selten. Andere kommen aus anderen Gründen nie zum Tanz: Der Blick der Mutter ist permanent auf jemand anderen gerichtet, auf den Vater etwa, den sie glaubt kontrollieren zu müssen, auf die Geschwister, auf einen Liebhaber im Verborgenen oder auch auf den Haushalt oder auf eine Sucht, beispielsweise auf den Alkohol: Im Kind entsteht in all diesen Tänzen der Eindruck, selbst bedeutungslos zu sein. Etwas anderes hat dann den Platz im Leben der Mutter eingenommen, der eigentlich ihrem Kind zusteht.

»Paartanz?«, sagt Frau G. und wirkt amüsiert … »mit meiner Mutter? Meine Mutter ist Solistin, sie ist der Star: Mit ihr tanzen wäre nicht möglich. Neben ihr hat niemand Platz. Wir Kinder sind nur Hofstaat und die Requisite.«

Manche Mütter können den Erzählungen ihrer Kinder zufolge nicht tanzen, weil sie es nie gelernt haben, und manche verlernen und vergessen, dass sie es könnten, weil sich anderes so über diese Kunst schiebt: eine Krankheit, eine Sucht, eine chronische Überforderung. Manche Mütter haben nie das Führen gelernt, manchmal übernehmen die Kinder in der Folge sehr früh diesen Part. Und dann lernen eher die Mütter sehr viel über den Beziehungstanz – von ihren Kindern. Manche Mütter haben Angst, etwas falsch zu machen, sie schreiben jeden Schritt der Choreografie vor, aus Angst, es könnte eine »falsche« Bewegung geben: Hier drohen die Lebensfreude und Kreativität, die Eigenbewegung der Kinder unter festgelegten Regeln zu ersticken. Starr wirkt dieses Tanzpaar, wenig lebendig. Hier verlieren Kinder manchmal die Lust und die Fähigkeit zum Tanz. In unguten Ketten bestimmen in diesen Familien Diskussionen um eingehaltene Tanzschritte, sprich Regeln und ihr Einhalten, den Gesprächsstoff. Und so manche Mutter hatte demnach schon in ihrer Familie gelernt, besser nicht zu tanzen. Anerkennung gab es allenfalls gerade für Frauen aus der älteren Generation fürs Arbeiten und Ordnung schaffen. Kinder dieser Mütter werden kaum noch zum Tanz aufgefordert. Wie das Mädchen, das im Tanzkurs nie aufgefordert wurde, sitzen diese Kinder da und warten, dass sie jemand erlöst: ein trauriges Bild. Ebenso wie die Tänzer, die zu ganz unterschiedlichen Tanzstilen bestimmt sind.

»Ich bin eigentlich der geborene Salsatänzer!«, sagt Herr I., »... leider kann meine Mutter nur Trauermärsche!«

»Meine Mutter und ich verbringen sehr viel Zeit miteinander«, sagt Frau B., »... aber wir können beide nicht tanzen!«, stellt sie resignativ fest. »Wir gehen nicht aufeinander ein, reden aneinander vorbei, verleugnen unsere Gefühle, und ich glaube, sie wünscht sich eine andere Tochter und ich mir eine andere Mutter. In meiner zweiten Szene habe ich einfach Trauermusik eingespielt ... da sind wir uns zum ersten Mal wirklich nahegekommen.«

Warum ist gerade meine Mutter schwierig?

Warum? Dieses Fragewort ist häufig zentral in der Arbeit mit erwachsenen Kindern schwieriger Mütter. Wenn die eigene Mutter mit dem Begriff schwierig belegt wird, dann betritt immer auch die Frage nach dem »Warum« den Raum. Warum hat sie mich geschlagen? Warum kann sie mich nicht wirklich sehen, wie ich bin? Warum muss sie mir immer solchen Druck machen? Warum zeigt sie mir ihre Liebe nicht? So u. ä. lauten dann Fragen der erwachsenen Kinder. Immer auch ist die Frage nach dem Warum des Schwierigseins der Mutter eine Frage nach der eigenen Identität. Viele Kinder beantworten diese Frage in jüngeren Jahren mit der eigenen Schuldhaftigkeit. Die Kinder übernehmen die Komplettverantwortung für den misslingenden Tanz: Wenn ich anders wäre, wäre sie bestimmt eine gute Mutter. Oder sie nehmen an, dass sie selbst zu hohe Erwartungen an die Mutter stellen.

Schauen wir aus einer umfassenderen, den kindlichen Blick übersteigenden Perspektive, so lassen sich vielfältige Gründe für das Schwierigsein von Müttern belegen. Die Mutter als schwierig zu erleben, kann tatsächlich im unpassenden Tanz von Mutter und Kind begründet sein, aber kann ebenso auf ganz anderen Dingen beruhen: So kann es sein, dass die Schwierigkeit der Mutter in ihr als Person begründet ist (vielleicht in Form einer Persönlichkeitsstörung, einer Krankheit, einem schwierigen Charakter etc.). Vielleicht hat sie früher Schwieriges mit ihren Eltern erlebt: So können negative Beziehungserfahrungen, die den Lebensraum der Mutter schwerwiegend belasten, die Beziehung zum Kind überschatten. Auch aktuelle Umstände und vergangene Lebensereignisse können mütterliches Schwierigsein bedingen:

- Krieg
- Tod (insbesondere Suizid) und Verlust nahestehender Menschen
- Pflege von Angehörigen
- totgeborene Kinder und dramatische Geburten
- schwerwiegende Erkrankung (z. B. Behinderung) eines Kindes
- festgefahrene familiäre Rollenzuschreibungen
- Arbeitslosigkeit
- Armut
- Scheidungskrieg
- Mobbing etc.

Derart schwerwiegende Lebenslagen überfordern die betroffenen Mütter: Teils entwickeln sie Bewältigungsmechanismen, um mit der Überforderung umgehen zu können (kompensieren beispielsweise mit Härte, Verdrängen, Schweigen). Sie werden oftmals in der Folge von ihren Kindern als schwierig erlebt. Wenn Kinder die Belastungen der Mutter als Erwachsene ansehen, finden sie in diesen und anderen Erklärungen oft Entlastung: Sie müssen das Verhalten ihrer schwierigen Mutter nicht mehr länger sich selbst zuschreiben. Das Finden von Erklärungen ist allerdings nicht gleichzusetzen, Ungutes und Schlimmes, das die Mutter getan hat, per se zu entschuldigen.

2. Das Geheimnis gelingender Mutter-Kind-Beziehungen – eine wissenschaftliche Perspektive

Hatte ich eine »schlechte« Mutter, fragen sich Kinder noch als Erwachsene. Aber was ist denn eigentlich gut und was schlecht? Und die Frage setzt sich fort, wenn Menschen selbst Eltern werden: »Bin ich eine gute Mutter?«, oder Eltern fragen sich: »Machen wir das richtig?« »Müsste ich oder meine Frau Dinge anders machen?« – Wenn auch Sie sich diese Frage stellen, lassen sich im Internet Antworten finden: In zahlreichen populärwissenschaftlichen Selbsttests können Sie genau dieser Frage nachgehen und scheinbar schnell Antworten auf Ihre Frage finden. In diesen Schnelltests werden unterschiedliche Erziehungssituationen mit möglichen Handlungsalternativen präsentiert. So wird in einem Selbsttest auf der Webseite erdbeerlounge.de beispielsweise nach der Reaktion der Mutter bei plötzlicher Erkrankung des Kindes und gleichzeitiger Einladung zu einer Geburtstagsfete einer Freundin gefragt: Wird der Partner damit beauftragt, auf das Kind aufzupassen, die Feier abgesagt, das Kind mitgenommen oder der Kinderarzt aufgesucht? Am Ende des Tests steht, basierend auf der jeweiligen Beantwortung der einzelnen Fragen, ein Gesamturteil inklusive erreichter

Punktzahl. Nun weiß Frau also, ob sie eine gute oder schlechte Mutter ist. Ob dieses Vorgehen adäquat ist, erscheint fraglich, ebenso, ob auf Basis derartiger Fragen ein valide Aussage über eine »gute« oder auch weniger gute Mutter gefällt werden kann … und vor allem in der Folge die Beziehung zum Kind besser gelingt. Zugleich macht es deutlich, wie sehr Mütter auf der Suche nach ihrer Identität sind, wie sehr Frauen nach Rückmeldung und Bestätigung suchen.

Im Rahmen einer Untersuchung aus dem Jahr 2013 zum Thema »Familien LEITBILDER. Vorstellungen. Meinungen. Erwartungen« des Bundesinstituts für Bevölkerungsforschung wurden aktuelle Familienleitbilder in Deutschland untersucht. Insgesamt wurden im Jahr 2012 bundesweit 5000 Personen zwischen 20 und 39 Jahren telefonisch zu unterschiedlichen Themen (z. B. Ehe, Kinder, Partnerschaft) befragt.

Auch das Leitbild einer »guten Mutter« wurde im Rahmen der Untersuchung eruiert. Die Frage, wodurch sich eine gute Mutter auszeichne, stand hier im Fokus. Erwerbstätigkeit, regelmäßige Hausaufgabenbetreuung am Nachmittag sowie Unabhängigkeit erwiesen sich für den Großteil der Befragten als Merkmale einer »idealen Mutter«. Eine Mutter, die ausschließlich mit Erziehungsaufgaben und der Erledigung des Haushalts betraut ist, wurde von ⅔ der Befragten als unzufrieden eingeschätzt. Dieses alte Leitbild von der perfekten Mutter am heimischen Herd gilt der Untersuchung zufolge somit als überholt.

Doch ist das wirklich die Maßeinheit: eine zufriedene, erwerbstätige, unabhängige Mutter, die nachmittags bei den Hausaufgaben hilft? Sicher sind hier zunächst Randaspekte erfasst, die noch wenig über die gelingende Beziehung zwischen Mutter und Kind aussagen.

Schauen wir ein wenig breiter und nehmen professionelle Erkenntnisse zu Hilfe. Hier hat man anderes als zentral eingestuft: Aus der Perspektive der Entwicklungspsychologie scheint es, gerade zu Beginn des Lebens, für die frühkindliche Entwicklung besonders bedeutsam, eine sichere Bindung zu einer nahestehenden Bezugsperson, hier meist zur Mutter, aufzubauen. Damit diese Bindung entstehen kann, ist die sogenannte »*Feinfühligkeit*« der Bezugsperson entscheidend. Befunde einer meta-analytischen Untersuchung von De Wolff und van Ijzendoorn aus dem Jahre 1997 weisen auf einen engen Zusammenhang zwischen Feinfühligkeit und der Entwicklung einer sicheren Bindung hin. Feinfühligkeit meint die Qualität der Reaktion auf eine kindliche Bedürfnislage und ist ein Begriff, der durch die Bindungsforscherin Mary Ainsworth (z. B. Ainsworth, Blehar, Waters, Wall, 1978) geprägt wurde. Folgende Merkmale sind hier bedeutsam:

- Nimmt die Bezugsperson (meist die Mutter) die durch Mimik, Gestik oder das Verhalten geäußerten Signale des Kindes wahr?
- Werden die Signale des Kindes, unabhängig von der Bedürfnislage der Bindungsperson, richtig interpretiert?
- Geht die Bezugsperson sofort und vor allem angemessen auf die kindliche Bedürfnislage ein?

Zur Bedeutung der frühkindlichen Bindung

In den 1960er-Jahren formulierte John Bowlby (z. B. 1969, 2008) die Bindungstheorie, derer zufolge jedem Menschen ein Bedürfnis nach Bindung angeboren ist. Bowlby postulierte, dass frühkindliche Erfahrungen entscheidenden Einfluss auf die Gesundheit nehmen und in internalisierte Modellvorstellungen über sich und anderen münden. Die aus dem von Mary Ainsworth und Kollegen (1978) durchgeführten Fremde-Situations-Test hervorgegangenen Bindungsstile (sicher, unsicher-vermeidend, unsicher-ambivalent, desorganisiert) werden im Rahmen der Bindungstheorie als verinnerlichte (internalisierte) Erwartungen über die Beziehungen mit anderen Menschen verstanden, die auf den Beziehungserfahrungen mit den ersten Bezugspersonen basieren. Seitdem gelten sensible und emotional gute interaktive Pflege, sichere Bindungsentwicklung als wichtigste Schutzfaktoren für die kognitive Entwicklung und die psychosoziale Gesundheit von Kindern.

Eine sichere Bindung, da sind sich viele Forscher einig, stellt eine wichtige Grundlage für die Weise dar, wie das Kind künftig auf die Welt zugehen wird (Explorationsverhalten) und wie sich seine Fähigkeiten, insbesondere die Entwicklung kognitiver Fähigkeiten, gestalten. Gibt es einen »sicheren Hafen«, ein Begriff, der durch Bowlby (z. B. 2008) geprägt wurde, an den das Kind jederzeit zurückkehren kann, kann es in die Welt hinausgehen und sie erkunden.

Mit anderen Worten, ein erster Grundstein einer der Entwicklung zuträglichen Mutter-Kind-Beziehung scheint aus wissenschaftlicher Perspektive die Fähigkeit der Mutter zu sein, unabhängig von ihrer eigenen emotionalen Befindlichkeit, die Bedürfnislage des Kindes wahrzunehmen, sich in diese hineinversetzen zu können und adäquat und prompt darauf zu reagieren. Über die Jahre hinweg wandelt sich die kindliche Bedürfnislage allerdings zunehmend: Andere Personen gewinnen an Bedeutung, andere Erfahrungen werden für die erfolgreiche Bewältigung der unterschiedlichen Entwicklungsaufgaben notwendig, andere Themen rücken in den Fokus. Das Kind muss sich zunehmend aus der engen Bindung zur Mutter lösen und eigenständig werden. Ein Spagat zwischen Bindung und Autonomieentwicklung ist lebenslang zwischen Mutter und Kind zu bewältigen.

Ein Überblick über die entwicklungspsychologische Fachliteratur zeigt mit zunehmendem Alter des Kinder vor allem als bedeutsam, dass:

- Mütter als angemessene Vorbilder fungieren,
- bei der Regulation von Emotionen unterstützend wirken,
- ihren Kindern Erfolgserlebnisse ermöglichen,
- eine anregende Umgebung zur Verfügung stellen, die Interesse und Neugier wecken, selbständige Entwicklung und Problemlösung fördern,
- klare Grenzen setzen,
- emotional zugewandt sind und
- hohe, aber realistische Leistungserwartungen stellen.

Ist eine gute Mutter, also eine Mutter, die mit dem Ausfüllen ihrer Rolle als Mutter eine gute Entwicklung ihres Kindes fördert? Sicherlich auch. Im Fokus unterschiedlicher wissenschaftlicher Disziplinen, insbesondere der Entwicklungspsychologie, steht bislang vor allem die gelingende Entwicklung eines Individuums (im Sinne einer erfolgreichen kognitiven, motorischen, sprachlichen, sensorischen und/oder sozial-emotionalen Entwicklung). Die Beziehung zwischen Mutter und Kind wird hier als bedeutsamer Einflussfaktor auf die Entwicklung untersucht, wird vor diesem Hintergrund zum Gegenstand wissenschaftlicher Forschungsarbeiten. Noch wenig Beachtung findet das Thema des (auch nachhaltigen) Gelingens der Mutter-Kind-Beziehung als Gegenstand an sich: Wie wird eine gelingende Beziehung definiert? Wie kann sie erfasst werden? Was nimmt Einfluss auf das Gelingen der Beziehung zwischen Mutter und Kind? Was sind die Konsequenzen für Körper, Geist und Seele – für die gesamte Biografie? Die Bindungsforschung liefert sicherlich erste Hinweise hierzu.

So geht es hier nicht (ausschließlich) in der Retrospektive um eine gelungene Entwicklung, sondern vor allem um das Erleben einer gelungenen Beziehung zwischen Mutter und Kind – aus der subjektiven Erfahrung, aus dem eigenen Erleben heraus. Es geht darum, wie es gelingen kann, dass Mutter und Kind ein gutes Verhältnis miteinander haben, darum, dass die Beziehung zur Mutter keine Belastung ist, dass kein Leiden aus dieser Beziehung entsteht, dass sie nachhaltig »gut« ist.

In unserer praktischen Arbeit zeigte sich als Schlüssel zum Gelingen:

- Achtsames Zuhören
- echtes Interesse am Leben des Kindes
- Neugierde dem Kind gegenüber
- Einfühlung (einerseits zu Beginn des Lebens in die Bedürfnislage des Kindes, mit zunehmendem Alter in die Gefühlslage des Kindes)
- Resonanz (Mütter konnten mitschwingen, Echo und aufrichtiges Feedback geben)
- Vertrauen und Zuverlässigkeit

- Wertschätzung, Achtung und Respekt (insbesondere vor der Individualität des Kindes)
- Mütter als lebens- und nachahmenswerte Modelle.

Und immer wieder Zeit: Jedes Kind braucht angemessenen Raum und Zeit für seine individuelle Entwicklung. Zu einer gelingenden Mutter-Kind-Beziehung im Erwachsenenalter gehören sicherlich wechselseitiger Respekt und die Fähigkeit, die sich wandelnden Persönlichkeiten in den verschiedenen Lebensspannen aufeinander immer wieder neu abzustimmen: Eigenständige Persönlichkeiten, eigener Wille und zunehmende Eigenständigkeit auf der Kinderseite, den Rollenwandel der Mutter von der kraftvollen jungen Frau zur hilfsbedürftigen Person u. v. m. …

Sowohl Mutter als auch Kind sind nicht statisch: Beide befinden sich fortwährend in individuellen Wachstums-, Entwicklungs- und Veränderungsprozessen. Während zu Beginn das Aufwachsen des Kindes im Zentrum steht und die Entwicklungsschritte der Mutter im mittleren Alter vielleicht weniger sichtbar sind, wandeln sich ihre Rollen mehrfach im Leben: Bei gelingender Beziehungsentwicklung kann aus dem Tanzpaar der Führenden (Mutter) und Folgenden (Tochter) ein gleichberechtigtes Tanzpaar auf Augenhöhe werden, um im fortgeschrittenen Alter vielleicht in eine komplette Rollenumkehrung überzugehen (wenn etwa die alte Mutter von der Tochter gepflegt wird).

Jedes Entwicklungsstadium birgt hier besondere Herausforderungen und Risiken. Manchmal erfolgt Loslösung über Brüche. Manchmal ist der Bruch zwischen Eltern und Kind nicht mehr reparabel, manchmal ist der Bruch der notwendige Übergang auf eine neue Beziehungsebene.

3. Mir reicht's! – Kontaktabbrüche

Nicht immer erweisen sich, wie wir schon in unserem Modell der Tanzpaare erkennen konnten, die Beziehungspartner, die die Biologie füreinander gewählt hat, als ideales Team. Manchmal passt es für beide oder auch für eine Seite kaum, manchmal kann es zu vollständigen Kontaktabbrüchen zwischen Müttern und ihren Kindern kommen. Die Gründe scheinen vielschichtig. Der Kontaktabbruch kann zugleich einiges über die Schwierigkeiten zwischen Eltern und Kindern erhellen: Als schwierig Erlebtes kann sich so stark zuspitzen, dass der Kontaktabbruch als einziger Weg erscheint. Es kommt vor, dass Mütter den Kontakt zu ihren Kindern beenden, ebenso wie es (meist dann erwachsene) Kinder tun.

»*Herr R., 42 Jahre alt, Mathematiker, Single, hat vor vier Jahren seinen Kontakt zur Mutter abgebrochen: »Wenn ich an mein Elternhaus denke, dann fällt mir als Erstes Spannung und Schreierei ein. Meine Mutter ist ein besonderer Mensch, ich liebe sie, vielleicht sogar besonders, weil sie so ist, wie sie ist: schwierig vielleicht, schwer zu beschreiben, chronisch in Streit verfangen. Sie hat keine Freunde und Kontakte außerhalb der Familie. Sie hat meiner Schwester und mir von Kindesbeinen an erzählt, wie sehr sie unter meinem Vater leide, was für ein Waschlappen er sei und wie wenig er ihr gerecht würde. Wir hatten immer das Gefühl, dass wir das, was sie durch das Zusammensein mit meinem Vater ertrug, an ihr wiedergutmachen müssten. Meinen Vater kann man vielleicht am ehesten beschreiben mit depressiv, schwach, antriebslos und abhängig. Er kann den Ausbrüchen und vernichtenden Angriffen meiner Mutter nichts entgegensetzen. Wenn ich das erzähle, wird mir mulmig: Ich habe Angst, meine Mutter schlecht zu machen. Sie hat mich ja schon immer versorgt, für mich gekocht und mit mir am Tisch gesessen und gegessen … sie war da, wenn ich nach Hause kam, hat ihren Beruf für uns aufgegeben. So erzählt sie es zumindest.*

Wir Kinder hatten dafür unbedingt loyal zu sein, ihr immer beizu-

pflichten und zu ihr zu stehen, selbst wenn sie eigentlich im Unrecht war, während sie uns Kindern zugleich vorwarf, dass wir für ihr unglückliches Leben verantwortlich seien. Ich kannte es nicht anders, ich habe mich tatsächlich von klein auf für sie verantwortlich gefühlt. Meine Schwester und mich hat sie meist gegeneinander ausgespielt: Immer war einer von uns ›böse‹ und der andere der angeblich perfekte Gutmensch. Das konnte abrupt wechseln. Es war mir schwer möglich, ein eigenes Leben aufzubauen. Sie hat meine Schritte in die Eigenständigkeit ziemlich torpediert: ›Ohne uns bist du nichts!‹ oder ›Du kannst nie auf eigenen Beinen stehen!‹ war ihr Dauercredo. Irgendwie habe ich ihr letztlich mehr geglaubt als mir selber.

Ich hatte den Eindruck, dass ich sie nicht verlassen kann, weil sie dann vielleicht nicht überleben würde. Einmal ist sie wegen ihrer Probleme zum Psychiater gegangen: Dieser diagnostiziert dann wohl eine Borderline-Erkrankung. Darüber hat sie sich monatelang so echauffiert mit dem Ergebnis, dass sie fortan jedwede Hilfe therapeutischer Art ablehnte. Das brachte uns Kinder noch stärker in die Rolle der Ehevermittler zwischen meinen Eltern. Mein Vater bat mich wiederholt, nicht zu gehen, weil ich doch wisse, wie unaushaltbar sie sei: Dass er sie aber nicht verlassen könne, weil sie beide das nicht überleben würden … jede meiner aufkeimenden Beziehungen hat meine Mutter torpediert. Sie hat, wenn ihr auch nur ein Name bekannt wurde, Erkundigungen eingezogen und den Frauen Übles unterstellt … ›Deine Weiber‹, nannte sie die Frauen, bevor sie sie auch nur kennengelernt hatte. Der Gipfel war dann für mich, als die beiden wieder einmal einen riesigen Streit hatten, in dem meine Mutter meinen Vater für einige Tage verließ. Als sie wiederkehrte, beschlossen meine Eltern doch tatsächlich, dass nur ich an ihren Problemen schuld sei. Da hat es mir dann gereicht: Ich bin vor 5 Jahren in einer Nacht-und-Nebel-Aktion ausgezogen und habe nur einen Abschiedsbrief hingelegt. Meine Adresse haben sie nicht, und ich werde sie ihnen auch nicht geben. Meine Schwester ist eingeweiht.

Ich leide bis heute unter Schuldgefühlen, quäle mich damit, ob ich wirklich hätte gehen dürfen, weil sie eigentlich nicht ohne mich zurecht-

kommen … ich weiß aber auch, dass ich in eine solche Hölle nicht mehr eintauchen will. Ich kann mir nicht vorstellen, selbst wirklich eine Beziehung zu leben. Die Angst, dass eine ähnliche Dramatik entstehen könnte wie in der Ehe meiner Eltern, ist zu groß. Ich arbeite nun viel und mache in meiner Freizeit Sport. Ich habe eine Therapie angefangen: Ich verstehe langsam, dass ich über diese Beziehungserfahrungen mit meiner Mutter ein Beziehungsproblem zu Frauen entwickelt habe, das sich bis heute auswirkt. Ich muss herausfinden, wer ich wirklich bin: Der Böse, Hilflose, Abhängige, ein Bild, das meine Mutter teils von mir entworfen hat, der Inkompetente, der nicht allein leben kann … wer bin ich eigentlich, das muss ich erst mal herausfinden. Ich hoffe, dass sich meine Beziehungsschäden noch beheben lassen und ich vielleicht sogar ehe- und familientauglich werde!«, sagt er unsicher lachend.

»Frau I., 39 Jahre, Managerin in einem mittelständischen Unternehmen, hat vor mehr als 10 Jahren den Kontakt zur Tochter abgebrochen: »Ich bin eine Rabenmutter!«, beginnt Frau I. ihre Erzählung, »… ich habe eine Tochter und keinen Kontakt mehr zu ihr. Jetzt ist sie schon 18 Jahre alt … Ja, natürlich, das ist nicht toll, aber ich könnte nicht sagen, dass ich darunter leide. Und ich bin auch sicher, dass sie nicht darunter leidet. Wir sind uns ungeheuer ähnlich. Wir sind beide stur und eigenständig. Insofern würde niemand von uns auf die andere zugehen. Als ich mich von meinem Mann trennte, war sie sechs Jahre alt. Sie war noch klein, und ich wollte mit einem neuen Partner in eine weit entfernte Stadt ziehen. Hätte ich sie da aus ihrem Umfeld reißen sollen? Sie hatte dort ihr Zuhause, ein großes Haus, ihre Großeltern, sie war gerade in die Schule gekommen. Mein Ex-Mann war ein guter Vater, wenn auch ein schlechter Partner. Ich bin bis heute sicher, dass er der bessere Begleiter für sie ist. Er ist nicht so aufbrausend und ungeduldig wie ich. Auch seine Partnerin, die er bald fand, verstand sich sehr gut mit dem Kind. Parallel entwickelte sich mein Job gut, ich hätte in der Woche keine Zeit für meine Tochter gehabt. Anfänglich habe ich sie noch alle 14 Tage am Wochenende besucht, aber die Abschiede waren dann ungut. Alle

Beteiligten waren von meinen Besuchen dann aufgewühlt. Sie hatten, wie sie mir erzählten, die Woche danach nur damit zu tun, sie wieder zu beruhigen. Auch ich war dann immer wieder mit Schuldgefühlen beschäftigt. Als ich dann vor ein paar Jahren eine schwere Krebserkrankung bekam, habe ich bemerkt, dass ich jetzt alles tun muss, um zu überleben, endlich auf mich achten muss. Ich konnte mir diesen Stress nicht länger antun. Und ich hatte auch den Eindruck, dass letztlich nur durch den Kontaktbruch Frieden in das Leben meiner Tochter kommen konnte. Nein, ich quäle mich nicht mehr, ich habe meinen Frieden gemacht: Ich werde nun 40 Jahre alt, ich habe nur ein Leben. Und ich habe den Eindruck, dass ich als leibliche Mutter nicht die beste Mutter für mein Kind sein konnte. Ich habe den Weg frei gemacht.«

Begründungen für Abbrüche sind vielschichtig: Besonders Kinder quält oft als Erwachsene noch die Frage nach dem »Warum«. Manchmal führen die fehlende Stimmigkeit, die Unfähigkeit, miteinander zu »tanzen«, dazu, dass die Beziehung zwischen Mutter und Kind von einer Seite beendet wird: Das feinfühlige Kind etwa will die übergriffigen »Grobianattacken« im Erwachsenenalter nicht mehr ertragen, die Mutter stellt entsetzt fest, dass das sorgende Muttersein wenig »ihr Ding« ist usf.

Der Bruch wird im günstigen Fall irgendwann so interpretiert, dass er in der Lebensbiografie einen Sinn macht: Jeder Tänzer erzählt die gemeinsame Tanzgeschichte auf seine Weise. Das in Worten Gesprochene erfasst manchmal nur einen Teil der »Wahrheit«. Unbewusstes und atmosphärisch Wirksames ist oft nicht zugänglich: Da wird für die Mutter (und das passiert unbewusst) das »Fliehen« (vor Gefühlen, das Vergessen von unguten Lebensereignissen etc.) zur Überlebensstrategie, ihr Kind aber, um die eigene Identität aufzubauen, benötigt, belastende Gefühle und Ereignisse (etwa den emotionalen Missbrauch) aussprechen zu dürfen, um sich mit der eigenen Geschichte anerkannt und gesehen zu fühlen. Dann wird es existentiell und dramatisch: Jede Seite braucht (so wird es jeweils erlebt) das Beibehalten der Bewältigungsstrategie, um die eigene Identität zu retten, um zu überleben: Jede der beiden Parteien kämpft so existentiell um sich selbst, dass der Bewältigungsversuch des anderen überlebensbedrohlich wird. Trennung und Bruch erscheinen als alleiniger Ausweg. In solch massiven Zuspitzungen geht es kaum noch ohne therapeutische Unterstützung.

Ablösung als Entwicklungsaufgabe

Insbesondere im Jugendalter ist der junge Mensch mit unzähligen Anforderungen und Erwartungen konfrontiert. Sind diese Anforderungen, die es zu bewältigen gilt, primär auf biologische Reifeprozesse oder auf Kultur und Gesellschaft bezogen, werden diese als »Entwicklungsaufgaben« bezeichnet (Montada, 2008). Bei einem Überblick über die entwicklungspsychologische Fachliteratur wird deutlich, dass im Jugendalter (und auch in der anschließenden sogenannten »Adoleszenz«, dem jungen Erwachsenenalter) die Entwicklung einer eigenen Identität die zentrale Entwicklungsaufgabe darstellt (Oerter & Dreher, 2008). In diesem Zusammenhang geht es um die emotionale Ablösung von den Eltern als wichtigen Mechanismus (Oerter & Dreher, 2008). Der Jugendliche strebt in der Regel nach Unabhängigkeit von seinen Eltern und baut indes neue Beziehungen zu Gleichaltrigen, den sogenannten »Peers«, auf. Die zunehmende Außenorientierung des Jugendlichen sollte nicht als persönliche Abwertung missinterpretiert werden. So geht es bei der Ablösung um Nähe und Distanz, um Grenzen und Freiheit, um Verbundenheit und Abgrenzung, um Bewahren und Verändern; letztlich darum, die Beziehung gemeinsam neu auszuhandeln.

Die Gefahr in der Konfrontation mit dieser Entwicklungsaufgabe besteht, insbesondere im Jugendalter, einerseits in einer Nicht-Ablösung, also einer fortwährenden Abhängigkeit (z. B. von den Zuschreibungen, Stimmungen oder Wünschen der Mutter), andererseits im Bruch mit den Eltern.

4. Mütter im Check: Außen- und Innenansichten

Manchmal ist das erlebte Schwierigsein nicht an Verhaltensweisen oder an einem bestimmten Erziehungsstil der Mutter festzumachen, sondern vielmehr ist es nur von innen zugänglich. Ein bestimmtes Familienklima, das durch die Atmosphäre (vielleicht auch Stimmungen der Mutter) bestimmt ist, liegt in der Luft: Hier ist es schwierig, ohne dass sich dafür Worte und Beschreibungen auf den ersten Blick finden ließen. Auf der anderen Seite lässt sich das Leiden am Schwierigsein der Mutter teils leichter begreifen und in Worte fassen, wenn Diagnosen (z. B. eine Borderline-Persönlichkeitsstörung) bei der Mutter gestellt und bekannt werden. Auch der öffentliche Eingriff in die Erziehungsautonomie der Eltern kann als tragischer Beleg gewertet werden für besonderes Schwierigsein. Lassen sich für dieses Schwierigsein auch im Erwachsenenalter keine Worte und Beschreibungen finden, fehlen Erklärungen, fehlt einerseits ein wichtiger Teil der eigenen Identität, andererseits droht das Nicht-Greifbare an die nächste Generation weitergegeben zu werden.

Zwischen ewigem Eis und Bombenhagel: Familienklima als schwieriges Erbe

»Schweigen ertrage ich nicht!«, äußert Herr S. in der Therapiestunde. Als wir uns auf die Spurensuche seiner persönlichen Erfahrung mit »Schweigen« machen, werden biografische Bezüge greifbar: Das »eisige Schweigen« seines Vaters fällt Herrn S. schmerzlich ein. Oftmals dauerte es über viele Wochen an, immer nach einem vom Vater angezettelten Streit. Dieses Schweigen stecke ihm bis heute übel in den Knochen.

Wer zuerst spricht, hat verloren: Wenn die Familienatmosphäre gefriert

Schweigen kann viele Gesichter haben. Während das Miteinanderschweigen in einer guten Atmosphäre ein Ausdruck tiefer Verbundenheit sein kann oder eine schweigende Gemeinschaft in einem Retreat

Erholung und Getragensein ermöglicht, kennen viele Kinder belasteter Eltern besonders die Schattenseite des Schweigens: Schweigen in eisiger und gespannter Atmosphäre. Ein oftmals unbemerktes und unerkanntes Schreckensgesicht ihrer Kindheitstage, kommt es doch leise daher, ist kaum sichtbar und wird leicht überhört. Diese Kinder, wie Herr S. eines war, erinnern sich mit einem Schaudern an dieses in ihren Ohren dröhnende »eisige Schweigen«. An emotionale Kälte, die die gesamte Atmosphäre bestimmte, die ihr Zuhause bewohnte und sich irgendwann in ihnen selbst niederließ und zur ungeliebten, beinah gefürchteten inneren Heimat wurde. Wenn Eltern beispielsweise selbst als Kinder wiederholt Ohnmachtserfahrungen machen mussten, dann sind sie gefährdet, Schweigen in ihrer elterlichen Rolle als Machtmittel einzusetzen. Schweigen wird dann zum Mittel, durch das Kontrolle über andere ausgeübt wird. Die Familienmitglieder werden etwa so lange ignoriert, »bekommen« keine Worte, bis sie wieder so funktionieren, wie es dieser Elternteil erwartet. Der so agierende Elternteil siegt so etwa über eigene Ohnmachtsgefühle aus Kindheitstagen, indem er nun Macht über die Kontaktgestaltung seiner Familienmitglieder ausübt. Er oder sie bestimmt, wann gesprochen wird und wann nicht. Schweigen wird manipulativ eingesetzt, kindliche Abhängigkeit missachtet und tragisch ausgenutzt.

Manchmal ist das elterliche Schweigen Teil einer Erkrankung und wird zum typischen Familienklima – gesprochen wird hier meist ausschließlich über Belangloses, über Alltagsgeschäfte, über Nachbarn und andere, über Sensationen im TV, aber kaum über das, was die Familienmitglieder wirklich bewegt. Manipulatives Schweigen findet man teils bei narzisstisch erkrankten und Borderline-strukturierten Menschen. In der elterlichen Depression begegnen Kinder einer anderen Form des Schweigens: Die mit der Erkrankung oft einhergehende Teilnahmslosigkeit prägt dann auch die Interaktionen zwischen Eltern und Kind. Dies kann dazu führen, dass Reaktionen auf kindliche Fragen ausbleiben, kaum Einfühlung, Mitgefühl und Interesse ausgedrückt wird, Kinder wiederholt ins Leere laufen – es mangelt an für Kinder so wichtigen Resonanzerfahrungen. Dem depressiv erkrankten Elternteil ist die Not seines Kindes meist nicht bewusst. Wird es ihm bewusst, verursacht dieser Aspekt weitere Schuldgefühle, die in der akuten Erkrankungszeit schwer aushaltbar sind. Kinder von erkrankten Eltern brauchen dringend Hilfen von Menschen außerhalb des Familiensystems: Denn wenn Kinder diese Leere- und Resonanzerfahrungen über längere Zeit und in den ersten Lebensjahren machen müssen, kann das nachhaltige Auswirkungen auf ihre gesamte Persönlichkeitsentwicklung haben.

Kollektives Schweigen: Wenn das Tabu das Zepter schwingt

Eltern, die Schlimmes begehen, fördern Vergessen: ihr eigenes und das ihrer Kinder. Schweigen und Geheimhaltung können hier unverzichtbare Eintrittskarten in die familiäre Gemeinschaft sein: Das Wahren des Tabus ist der Preis für Zugehörigkeit. Brechen Kinder doch ihr Schweigen, so wird im Zweifelsfall ihre Glaubwürdigkeit, ihre Wahrnehmung angegriffen oder etwa dafür gesorgt, dass ihnen niemand zuhört.

Während Menschen mit wenig belastenden Kindheitserfahrungen locker und leicht äußern können, dass ihre Eltern schwierig seien oder »nerven«, finden wir auf der anderen Seite ein Heer von Menschen mit äußerst verletzenden oder gar traumatisierenden Kindheitserfahrungen, die verdrängt oder verschwiegen werden müssen: Über das Erlebte zu sprechen, ist in diesen Familien ein Tabu. Es wird meist eine perfekt intakte Fassade nach außen aufrechterhalten. Zu diffus die Erinnerungen (etwa an den Missbrauch), zu groß die Scham über die mütterliche Sucht, die väterliche Gewalt, das Mitwissen und die unterlassene Hilfe der Mutter. Die kindlichen Wunden versinken im Nebel des Vergessens. Je tiefer die seelischen Wunden, umso häufiger wird vergessen und geschwiegen … die Geschichte der verletzenden Ereignisse, womöglich des Traumas, taucht nicht als Erzählung auf, sondern als ein unerkanntes Symptom. Dies gilt in besonderem Maße für frühkindlich Erlebtes, wie der Neurobiologe Roth eindrucksvoll aufzeigt:

Er beschreibt eine Phase der »infantilen Amnesie«, »in der vom Säugling und Kleinkind Erlebnisse zwar durchaus bewusst gemacht, aber nicht erinnerungsfähig gespeichert werden können« (Roth & Strüber, 2014, S. 182). Diese positiven und negativen Erfahrungen beeinflussen Menschen im Erwachsenenalter teils stark, ohne dass sie es bewusst erleben. Manches Leiden, manches Symptom hat hier seine Quelle. Für Betroffene bleibt oft lediglich ein quälend ungutes Gefühl, ein diffuses Ahnen, dass irgendetwas nicht mit ihnen stimmt.

In unserer therapeutischen Arbeit zeigt sich: Nicht nur die Beziehung zu den Eltern und Geschwistern, sondern auch die Weise, wie Betroffene sich erleben, die Art, wie sie in der Welt sind, und auch die Art und Weise, wie sie auf andere Menschen zugehen, ist vom Tabu betroffen. Viele erwachsene Kinder von schwierigen Müttern sind bis ins hohe Erwachsenenalter durch negative Kindheitserfahrungen nachhaltig geprägt, sie tragen einen schwer beladenen Rucksack auf ihrer Lebensreise – und meist wissen sie nicht darum. Mehr schlecht als recht pendeln sie sich auf einem unbefriedigenden Niveau von Lebensqualität ein: verloren im Nirgendwo zwischen Vergessen und Verdrängen, zwischen Trauer und Zorn, zwischen hochkochenden Gefühlen und Nicht-mehr-Fühlen, zwischen Auseinandersetzung und Resignation. All das wird unter »normal« verbucht, vermutet wird, dass es allen anderen gleich schlecht ergehe und man folglich kaum einen Grund zu klagen habe. Jedoch zeigt sich: »Erst wenn die Wahrheit anerkannt ist, kann die Genesung des Opfers beginnen« (Hermann, 2003, S. 9).

Zwei Denkfehler begünstigen das Verdrängen der Thematik, das Vergessen des Erlebten:

1. Der Fehlschluss, dass die Kindheitsbelastung doch lange vorbei sei und damit im »Jetzt«, da Betroffene nicht mehr in der Herkunftsfamilie leben, ohne Folgen wäre (und nicht einmal das trifft bei vielen Erwachsenen zu, die oft ein Leben lang mit den Erkrankungen oder psychischen Besonderheiten, wie etwa Sucht- und psychisch erkrankten Müttern, konfrontiert sind).

2. Der Fehlschluss, dass, wenn Betroffene ihre Kindheitsbelastung nicht bemerken können und folglich nicht von Kindheitsbelastung sprechen, auch keine Belastung vorhanden sei. Da Kinder über Jahrzehnte in ihren Familien lernen, die erkrankte und/oder schwierige Mutter zu schützen, nicht über ihr eigenes Leid zu sprechen, es oft nicht einmal wahrnehmen dürfen, fehlen ihnen in der Folge sowohl Worte als auch Bewusstsein für das Erlittene. In Familien, in denen das mütterliche Schwierigsein tabuisiert wird, werden Kinder frühzeitig zu »*Burgbewohnern mit Haut und Haar*« (Barnowski-Geiser, 2015). Oft erzählt allein ihr Körper in Form von unerklärlichen Schmerzen oder ihre sie überfordernde Gefühlswelt, dass sie bis heute schwer belastet sind: Zu wirksam ist das kindliche Tabu, auch wenn Erwachsene das Elternhaus längst verlassen haben.

Besonders dramatisch ist das kollektive familiäre Schweigen, wenn einem Familienmitglied ein großes Leid zugefügt wird. Wenn Missbrauch oder Gewaltanwendung durch Eltern stillschweigend geduldet wird, wenn das Wahren des Tabus stärker zählt als die Würde des betroffenen Kindes. Die Missbrauchs- oder Gewalterfahrung ist die eine, die fehlende Unterstützung durch die anderen Familienmitglieder, so beschreiben es Betroffene, ist eine weitere Quelle des Leidens. Ebenso leiden oftmals Geschwisterkinder, die in ihrer Hilflosigkeit mit ansehen müssen und dem familiären Tabu stillschweigend verpflichtet werden. Der Nachhall in das erwachsene Leben ist gewaltig. Kinder in tabuisierenden Familien brauchen achtsame Menschen außerhalb des direkten Familiensystems, die in Loyalität die Wahrnehmung der Kinder stärken, eine Zuflucht außerhalb anbieten und zunächst das Schweigen der Kinder respektieren. Manche finden diese Personen erst als Erwachsene, manche nie.

Wenn Leid stumm macht – Leben mit traumatisierten Müttern

Auch Kinder traumatisierter Eltern beschreiben Erfahrungen mit elterlichem Schweigen: So müssen sie etwa erleben, dass die Eltern über erlebten Schrecken verstummt sind und/oder Teile von sich abspalten (auch »dissoziieren« genannt). Sie sprechen partiell nicht oder verstummen, wenn bestimmte Themen oder Gefühle zur Sprache kommen (tragisch eindrücklich etwa bei Kriegsgeschädigten zu beobachten).

Ein Beispiel einer solch nachhaltigen Auswirkung und die damit verbundenen Folgen für das Kind beschreibt der Schriftsteller Hanns-Josef Ortheil (2011) eindrucksvoll in seinem autobiografischen Buch *»Die Erfindung des Lebens«: »Wenn Vater da war, war jedoch alles viel einfacher, ich war dann erleichtert, weil ich dann nicht mehr allein auf Mutter aufpassen musste. Immerzu befürchteten Vater und ich nämlich, es könnte ihr etwas zustoßen … Ich wusste aber, dass so etwas früher einmal passiert war, und ich wusste auch, dass es etwas ganz besonders Schlimmes gewesen sein musste … gegenwärtig war die Vergangenheit in Mutters Stummsein« (S. 13–14). »So war die Welt der Kleinfamilie Catt damals, in den frühen Fünfzigerjahren des vergangenen Jahrhunderts, auf eine beinahe unheimliche Weise geschlossen, und jeder von uns wachte mit all seinen Sinnen darüber, dass sich daran nichts änderte« (S. 16).*

In der Kindheit erlebtes Schweigen bleibt nicht folgenlos. Wer über Jahre und manchmal gar Jahrzehnte ins Leere gelaufen ist, ist oftmals stark selbstverunsichert. »Ich bin unattraktiv, langweilig, ich bin es einfach nicht wert, dass andere auf mich reagieren …« lauten dann die Selbstzuschreibungen im Erwachsenenalter. Das Schweigen aus der Kindheit kann weiteres Leiden in den Partnerschaften der derart Aufgewachsenen verursachen. Oftmals ziehen sich derart Betroffene wie in einem unguten Schlüssel-Schloss-Prinzip an, sie finden exakt diejenigen, mit denen sie dieses schweigende Kindheitsdrama wiederholen. Manche nehmen unbewusst das schweigende Elternteil zum Modell, etwas, was sie partout vermeiden wollten: Sie werden selbst zu schweigenden Partnern, schweigenden Vätern oder schweigenden Müttern. Zugleich entwickeln Betroffene oftmals besondere Fähigkeiten, sich in schwierige und verstummte Menschen einzufühlen: Manchmal wird diese Fähigkeit zum Beruf.

Sie fühlen sich betroffen? Wenn Sie um Ihre eigenen Worte schwer ringen müssen, können kreative Wege für Sie ein Mittel der Wahl sein. Wenn Sie um die Worte eines anderen Menschen bis heute kämpfen müssen, sich gar durch Wohlverhalten Worte »erst verdienen« müssen, dann sind Sie und Ihre Seele an diesem Ort wahrscheinlich nicht gut aufgehoben. Wenn Ich-Botschaften wie »Ich leide, wenn du nicht mit mir sprichst!« ohne jeden Nachhall ins Leere verklingen, ist Unterstützung von anderen Menschen sicher hilfreich und vonnöten: Sie sind heute kein Kind mehr, Sie sind nicht abhängig wie zu Kinderzeiten (auch wenn sich das manchmal so anfühlt). Durchbrechen Sie die Kette: Sprechen Sie Worte, suchen Sie »Erlösung« – in Ihrem Begleitbuch, in einer tröstlichen Musik oder bei Menschen, die Ihnen gern Ohren und Worte schenken.

Wenn das Schwierigsein einen Namen trug

Möglicherweise war Ihre Mutter auch erkrankt, bekam etwa eine klinische Diagnose oder litt unter einer chronischen körperlichen Erkrankung. Hier hatte das Leiden dann einen Namen, ein Etikett.

Doch verrät ein solches Etikett, beispielsweise Burn-out oder Depressionen, zunächst wenig, wie es denn den betroffenen Kindern geht, wie diese ihre Mutter erleben, welche Belastungen sie durch die Erkrankung der Mutter zu tragen haben und hatten. Tragisch, da doch so viele davon betroffen sind: Die Zahl von Kindern und Jugendlichen in Deutschland, deren Mütter an einer psychischen Störung erkrankt sind, schwankt in Abhängigkeit unterschiedlicher Erhebungen zwischen circa einer und vier Millionen. Und so wird auch in den Medien immer wieder von einer zunehmend steigenden Anzahl psychisch erkrankter Mütter berichtet, bei gleichzeitigem Rückgang körperlicher Erkrankungen. Angststörungen und Depressionen scheinen in unserer Gesellschaft Dauerkonjunktur zu haben.

Gesundheit in Zahlen

Aus einer umfassenden »Studie zur Gesundheit Erwachsener in Deutschland« (DEGS) des Robert-Koch-Instituts (Wittchen & Jacobi, 2012), in der repräsentativ Daten von über 5000 Personen im Alter zwischen 18 und 79 erhoben wurden, geht hervor, dass bei 22,6 % der untersuchten Frauen innerhalb der letzten 12 Monaten eine Angststörung bestand. 11,4 % der Frauen geben im Rahmen der Untersuchung an, in den vergangenen 12 Monaten unter einer unipolaren Depression gelitten zu haben, 4,9 % berichten, innerhalb der letzten 12 Monate von einer somatoformen Störung betroffen (gewesen) zu sein. Des Weiteren zeigt sich auf Basis der Befunde, dass bei 4,2 % der weiblichen Untersuchungsteilnehmer eine Zwangsstörung, bei 3,9 % eine Alkoholstörung und bei 3,8 % eine Posttraumatische Belastungsstörung innerhalb der vergangenen 12 Monate bestand. Insgesamt waren 35,9 % der Frauen innerhalb der letzten 12 Monate an einer psychischen Störung erkrankt.

In unterschiedlichen Forschungsstudien wird ansatzweise deutlich, was zum Beispiel eine depressive Erkrankung der Mutter für betroffene Kinder und Jugendliche bedeuten kann: So zeigte sich, dass depressive Mütter im Vergleich zu nicht erkrankten Müttern weniger Interesse an ihren Kindern zeigen, sie emotional weniger beteiligt sind, mangelnd einfühlsam und unterstützend für ihre Kinder. Ähnliche Studien existieren partiell auch für andere Störungsbilder.

Doch häufig ist eine erkrankte Mutter naturgemäß vor allem eins: überfordert. Sie schafft es nicht, ihren Kindern ein kindgerechtes Aufwachsen zu ermöglichen. Häufig spürt sie dies – und leidet doppelt. Aufgrund von Scham und Angstgefühlen wird die Erkrankung der Mutter, so unsere praktische Erfahrung, vielfach tabuisiert: Die Kinder dürfen oder möchten meist selbst aus Angst vor Stigmatisierung nicht über die Erkrankung der Mutter sprechen – das Tabu regiert häufig noch im Erwachsenenalter. Von den betroffenen Kindern wird Anpassung und Funktionieren um jeden Preis gefordert – es soll bloß nicht auffallen, dass zu Hause etwas »nicht stimmt« – vor allem nicht in der Schule. Die familiäre Atmosphäre mutet beklommen und traurig an. Lebendigkeit scheint fremd.

In manchen Fällen ist mit einer chronischen psychischen Erkrankung der Mutter, häufig wenn diese alleinerziehend ist, zusätzlich ein Armutsrisiko vorhanden. Doch was bedeutet das Leben mit einer erkrankten Mutter nun für die betroffenen Kinder?

»Der zehnjährige Simon, dessen Mutter an Burn-out erkrankt war, berichtet in der Praxis Folgendes: »Vor ein paar Jahren da ging es meiner Mutter gar nicht gut. Da hatte sie noch keinen Freund. Sie war dann für ein paar Wochen weg, in einem Krankenhaus, weil sie einfach so erschöpft war. Das war wegen mir und meinem Bruder. Sie hatte einfach zu viel Stress mit uns. Jetzt habe ich ein schlechtes Gewissen und Angst, dass es ihr bald wieder so schlecht gehen könnte. Das möchte ich nicht. Sie sagt immer, dass ihr neuer Freund ihr so guttut. Ich glaube, es ist schon gut, dass sie einen neuen Freund hat – nur für mich halt nicht. Er motzt mich oft an, fasst mich feste am Arm oder ist gemein zu meinem Hund. Aber ich sage lieber nichts. Ich möchte ja nicht, dass Mama noch mal so krank wird und sie traurig ist. Und ich versuche, ihr, so gut es geht, zu helfen. Ich versuche, wenig Ärger in der Schule zu machen oder mich um meinen Bruder zu kümmern. Oder ich helfe im Haushalt, räume die Spülmaschine aus, staubsauge oder so. Manchmal ist mir das aber auch alles zu viel. Ich schaffe das alles nicht immer. Vielleicht bin ich auch zu schwach.«

»Die 14-jährige Jennifer, deren Mutter an Krebs erkrankt war, als Jennifer zehn Jahre alt war, erzählte uns: »Meine Mutter hatte vor ein paar Jahren Krebs. Seit sie so krank geworden ist, möchte ich sie nicht mehr mit meinen Problemen belasten – sie hat ja genügend eigene. Also kümmere ich mich um mich und meine Geschwister und versuche, alles von ihr fernzuhalten. Oft bin ich damit einfach überfordert und habe das

Gefühl, dass ich das alles nicht mehr schaffe. Aber das kann ich ihr nicht sagen, dann macht sie sich noch mehr Sorgen.«

In der Praxis erfahren wir: Das Erleben der Kinder ist meist von Gefühlen der Angst, Scham und Schuld dominiert. Eine Verschlechterung des Gemütszustandes der Mutter wird dann beispielsweise auf sich bezogen (»Ich war zu laut, deswegen geht es Mama jetzt schlecht«). Sie haben den Eindruck, sie seien für die Erkrankung verantwortlich. Und sie tun alles, um genau dies zu vermeiden. Innerhalb familiärer Strukturen erfolgt häufig eine Parentifizierung der Kinder, was bedeutet, dass diese die Rolle des »fehlenden« Elternteils übernehmen – und sind damit restlos überfordert, können die Anforderungen, die sie an sich selbst stellen oder an sich gestellt erleben, nicht bewältigen. Die Kinder fühlen sich wertlos. Sie erleben sich zunehmend als Belastung – zunächst für ihre Mütter. Dauerhaft besteht die Gefahr der Generalisierung, sodass sie sich als Erwachsene beispielsweise ständig als Belastung, gar als Zumutung erleben. Häufig entsteht bei den Kindern die Idee, sie selbst seien von Grund auf nicht richtig.

Es zeigt sich: Das Leiden der betroffenen Kinder ist groß. Und immer wieder wird im Rahmen diverser wissenschaftlicher Untersuchungen zur Thematik Kinder psychisch erkrankter Mütter auf die Notwendigkeit der Entwicklung adäquater Inter- und Präventionen verwiesen. Dies scheint im Gesundheitssystem noch nicht angekommen: Viele Kinder und Jugendliche betroffener Mütter sind mit ihrem Leiden allein, werden mehr oder minder allein gelassen. In einer Vielzahl der psychotherapeutischen Behandlungskonzepte in Krankenhäusern, psychiatrischen Kliniken oder auch Psychotherapiepraxen werden die Angehörigen in ihrem Leiden, in ihrer Belastung außer Acht gelassen. Mehr als ein Gespräch mit den Angehörigen ist in der Regel nicht vorgesehen: Hier erfolgen einerseits zumeist eine Aufklärung (Psychoedukation) der Angehörigen zu Entstehung, Verlauf, Symptomen und Prognose der Erkrankung sowie andererseits eine Information über die Möglichkeiten, die sich den Angehörigen zur Unterstützung des Erkrankten auch im häuslichen Umfeld bieten. Viele Mütter scheuen zudem die Inanspruchnahme von Unterstützung durch beispielsweise Einrichtungen der Jugendhilfe (z. B. Jugendamt, Beratungsstellen etc.), da dies häufig mit der Angst verknüpft ist, das Sorgerecht und damit das Kind zu verlieren.

Erwachsene, etwa Partner, sind, beispielsweise aufgrund ihres Alters, ihrer Autonomie, ihrer Kenntnis möglicher Hilfen, partiell in der Lage, sich Hilfe zu suchen, sei es in Angehörigengruppen, in Beratungsstellen oder etwa auch im Rahmen einer eigenen Therapie. Doch was ist mit den betroffenen Kindern? Sie besitzen meist wenig Kenntnis über mögliche Hilfen im Bereich Gesundheit oder Jugendhilfe und erleben ihr Leiden häufig als »Normalität«. Sie kennen es nicht anders, erfahren kaum eine Würdigung ihrer individuellen Belastung – die Mutter ist ja erkrankt und nicht das Kind.

Und das hat weitreichende Folgen: Die Forschung liefert Hinweise auf mögliche schwerwiegende Folgen einer psychischen Erkrankung der Mutter: Eben diese Kinder stellen selbst eine Hochrisikogruppe für eigene psychische Störungen dar (z. B. Wiegand-Grefe, Geers, Plaß, Petermann & Riedesser, 2015). Die psychische Erkrankung der Mutter hat dann Auswirkungen auf die sozial-emotionale, aber auch die kognitive Entwicklung: In unterschiedlichen wissenschaftlichen Untersuchungen wurden beispielsweise ein Abfall der schulischen Leistungen, Störungen der Konzentration und/oder Aufmerksamkeit, soziale Isolation, aggressives oder rückzügliches Verhalten beobachtet.

Wenn öffentliche Stellen Mutter wurden

Manche Kinder sind nicht oder nur teilweise in ihrer Ursprungsfamilie aufgewachsen. So kann es sein, dass eine öffentliche Stelle die Mutterstelle einnahm. Dies kann u. a. der Fall sein, wenn ein Kind in eine Pflegefamilie, ins Heim oder zur Adoption gegeben wird (auch etwa durch Todesfälle in den Familien) und: wenn das Wohl des Kindes als gefährdet galt. Es ist ein so trauriges Kapitel im Leben eines Kindes, dass man es lieber nicht schreiben möchte.

»Die siebzehnjährige Julia berichtete in der Praxis: »Meine Mutter hat mich und meine kleine Schwester früher verprügelt – je nach Laune. Meistens war ich die, die dran glauben musste. Ich war nun mal die Ältere und verantwortlich für meine Schwester. Wenn sie etwas falsch gemacht hat, wurde ich dafür bestraft. So wie sie uns behandelt hat, kann ich mir einfach nicht vorstellen, dass sie uns liebt oder überhaupt jemanden lieben kann. Getrunken hat sie auch – aber dann hat sie uns meist in Ruhe gelassen. Ich hatte immer das Gefühl, ich hätte etwas falsch gemacht, hätte besser aufpassen oder mich mehr anstrengen müssen. Aber heute weiß ich, dass das totaler Quatsch war. Hätte ich das mal früher gecheckt. Irgendwann, als ich zwölf oder so war, hat sie uns ins Heim gegeben. Warum, weiß ich eigentlich gar nicht genau. Ich glaube, sie war überfordert mit allem. Sie hatte selber kein schönes Zuhause früher. Als sie wieder Geld brauchte, hat sie uns zurückgeholt. Deswegen durften wir auch nicht zu meinem Vater – das hätte sie ja den Unterhalt von ihm gekostet. Ich wollte die ganze Zeit zurück zu meiner Mutter, als ich im Heim war, obwohl sie so gemein zu uns war. Ich wollte da einfach nicht bleiben. Aber als ich wieder zu Hause war, wollte ich weg von ihr. Es ging einfach genau da weiter, wo wir aufgehört hatten. Ich hatte mir die ganze Zeit gedacht, sie hätte sich bestimmt geändert. Hatte sie aber nicht. Jetzt lebe ich in einer Wohngruppe. Ich bin damals zu unserer Schulsozialarbeiterin gegangen, habe ihr alles erzählt und gesagt, dass ich nicht mehr bei meiner Mutter wohnen will. Sie hat mir dann geholfen, in eine Wohngruppe zu kommen.«

Die im Fallbeispiel deutlich werdende Zerrissenheit der Jugendlichen ist als typisch für derart betroffene Kinder zu bezeichnen. Oftmals bis ins hohe Alter quälen sie die Fragen, warum sie »abgegeben« wurden, warum der Staat eingriff und ob sie selbst »schuld« sind. Deshalb an dieser Stelle einige Hintergrundinformationen: Was bedeuten eigentlich die Begriffe Kindeswohl und Kindeswohlgefährdung?

Kindeswohlgefährdung

Im achten Sozialgesetzbuch (SGB VIII), auch als Kinder- und Jugendhilfegesetz bezeichnet, gibt es den Paragrafen § 8a, der den Schutzauftrag bei Kindeswohlgefährdung der Jugendhilfe gesetzlich regelt. Der Begriff des Kindeswohls bezieht sich grundlegend auf das seelische, körperliche oder geistige Wohl eines Kindes. Er gilt im juristischen Kontext allerdings als unzureichend definiert. Im sozialwissenschaftlichen Sinne bezieht sich eine Gefährdung des Kindeswohls auf die Trias Vernachlässigung, Misshandlung und / oder Missbrauch eines Kindes (Schmid & Meysen, 2006): Mit *Vernachlässigung* sind sowohl die Vernachlässigung körperlicher Fürsorge als auch die seelische Vernachlässigung gemeint. Es geht hierbei um das Unterlassen von Tätigkeiten, die zur emotionalen oder physischen Versorgung eines Kindes notwendig sind (z. B. mangelnde körperliche Hygiene oder fehlende elterliche Zuwendung). *Misshandlungen* können sowohl seelisch als auch körperlich erfolgen. Sei es, dass ein Kind Opfer von Gewalt der Eltern (z. B. durch Ohrfeigen, Schläge, Verbrennungen) oder emotional misshandelt (z. B. in Form von Beschimpfungen, Demütigungen, Quälereien) wird. *Sexueller Missbrauch* bezieht sich auf jede sexuelle Handlung, die vor oder an einem Kind / Jugendlichen vorgenommen wird (z. B. Anfassen des Genitalbereichs, Vergewaltigungen, Masturbationen vor einem Kind).

Wenn entweder Eltern durch ihr eigenes Zutun das Kind gefährden oder nicht in der Lage oder gewillt sind, Formen der Gefährdungen des Kindeswohls abzuwenden, wird davon ausgegangen, dass vermutlich das Wohl des Kindes gefährdet ist. Auch wenn es keine typische Symptomatik als Folge einer Gefährdung des Kindeswohls gibt, können all diese Formen nachhaltig schwere Auswirkungen auf die Entwicklung von Kindern und Jugendlichen besitzen: So kann es zu nicht organischen Entwicklungs- und Wachstumsstörungen, Entwicklungsverzögerungen und Fehlentwicklungen in kognitiven, sozial-emotionalen sowie motorischen Bereichen kommen. Im Bereich psychischer

Störungen können posttraumatische Belastungsstörungen, Störungen im Bindungsverhalten, der Affektivität, der Aufmerksamkeit / Konzentration oder in der Persönlichkeit sowie Ess- und Anpassungsstörungen auftreten. Auch psychosomatische Beschwerden, wie chronische Bauch- oder Kopfschmerzen, Einnässen und Einkoten (fachsprachlich als Enuresis und Enkopresis bezeichnet), können mögliche Folgen sein. Die Kinder fühlen sich meist schuldig, sind ängstlich, schämen sich. Sie fallen manchmal selbst durch besondere Distanzsuche oder Distanzlosigkeit auf. Auch Gefühle von Ärger und Feindseligkeit können diese Kinder und Jugendlichen begleiten. Im Jugendalter zeigen sich besonders häufig selbstverletzendes Verhalten und ein geringer Selbstwert. Auch Schulschwänzen, Schwierigkeiten in der Schule, Impulsivität, sozialer Rückzug, Drogenkonsum, Delinquenz oder aggressives Verhalten sind insbesondere in dieser Altersgruppe zu beobachten.

Allerdings gibt es sicherlich auch Kinder und Jugendliche, die als völlig unauffällig gelten, denen aber dennoch zu Hause Schlimmes widerfährt: Sie sind vielleicht besonders gut in der Schule, besonders angepasst und besonders freundlich – fallen daher nicht auf und werden kaum erfasst.

Im schlimmsten Fall können die unterschiedlichen Formen der Kindeswohlgefährdung, insbesondere körperliche Misshandlungen und Vernachlässigungen, zum Tod des Kindes führen.

Bei Erwachsenen, die als Kinder Vernachlässigungen, Misshandlungen oder sexuellem Missbrauch ausgesetzt waren, besteht ein erhöhtes Risiko, selbst an einer psychischen Störung zu erkranken. Häufig treten hier Angststörungen, Schlafstörungen, Depressionen, Störungen der Persönlichkeit oder Essstörungen auf. Auch Suchterkrankungen können eine Folge sein. Posttraumatische Belastungsstörungen treten zudem als Folge chronischer Traumatisierung auf. Viele Betroffene leiden noch Jahrzehnte später psychosomatisch unter dem Erlittenen aus Kindheitstagen. Darüber hinaus können aber auch Veränderungen im neurophysiologischen Bereich auftreten, z. B. im Immunsystem oder im neuroendokrinen System. Das Erleben vieler Betroffener ist häufig durch ein negatives Selbstbild, einem sehr niedrigen Selbstwertgefühl gezeichnet. Viele schreiben sich auch im Erwachsenenalter selbst die Schuld zu. Sie sind tief verunsichert und schämen sich.

Von Romeo und Julia, Sohnemann und Muttersöhnchen: Schwierige Konstellationen

Mutter und Kind sind Teil eines größeren Gefüges: Das Kind macht im Normalfall aus einem Liebespaar Eltern und aus einem Duo ein Trio (diese Zahl wächst mit der Anzahl der Kinder). Dieses Paar, nennen wir es plakativ Romeo und Julia, muss diese Erweiterung verarbeiten. Für viele Paare ist das Kind eine große Freude, für andere erscheint die Umstellung vom liebenden Schmusepaar zur Versorgungs- und Fütterungsstelle eine allzu schwierige Herausforderung. Dann wird der Wandel als einschneidender Verlust der Paarebene erlebt. Kinder solcher Paare erzählen oft von schmerzhaften Erfahrungen: sie fühlen sich als Eindringlinge, Störenfriede. »Meine Mutter hatte nur Augen für meinen Vater – da war kein Platz für mich!« oder »Wir Kinder hatten zu funktionieren, während mein Vater meiner Mutter jeden Wunsch von den Augen ablas.« Gerade wenn die elterliche Liebesbeziehung funktioniert, wird der dann an den Kindern gelebte Mangel besonders schmerzlich: Es ist förmlich, als würde dem Hund permanent die Wurst vor die Nase gehalten, die er aber nicht erreichen kann.

»*Herr R. liebt seine Frau. Lange Zeit leben sie kinderlos. Mit der Geburt des ersten Kindes verwandelt sich Herr R.: Von einem gutmütigen Partner wird er, wie es seine Frau wahrnimmt, zu einem missmutigen Vater. Er fühlt sich durch das Kind genervt. Im Paargespräch wird deutlich, dass Herr R. sich vernachlässigt fühlt: Seine Frau habe nur noch Augen für das Kind, sei nicht mehr zärtlich, nicht wirklich ansprechbar. Er sei das dritte Rad am Wagen … Frau R. kann dies nicht nachvollziehen: Sie macht aus ihrer Sicht die notwendigen Versorgungen mit dem Baby, sie erlebt ihren Mann nach der Geburt als aggressiv und feindselig, wenig kinderfreundlich … in längeren Gesprächen gelingt es, eine Brücke zu*

Herrn R.s Kindheit zu schlagen: Das Verhältnis zu Herrn R.s Mutter war schwierig. Seine Mutter war kühl und besitzergreifend. Nach der Geburt seiner Schwester kümmerte die Mutter sich überwiegend um diese, hatte sie doch große Lern- und Entwicklungsschwierigkeiten. Deutlich wurde zunehmend, wie groß Herrn R.s kindliche Eifersucht war. Je mehr seine Liebespartnerin Mutter wurde, umso stärker übertrug er seinen nicht verarbeiteten Groll aus der Kindheit auf sie.

Wenn Mütter Söhne bekommen, ist das oftmals für sie ein zweischneidiges Schwert: Einerseits ist die Freude über den Stammhalter da, andererseits halten nun genderspezifische Fragen Einzug. Viele Mythen ranken sich um das Mutter-Sohn-Thema. Oftmals sind Fragen zu vernehmen: Kann die Mutter den Sohn so gut verstehen wie eine Tochter? Hat sie die Tochter ein Leben lang, den Sohn verliert sie an die Familie der Schwiegertochter? Ist es mit Jungen leichter als mit Mädchen? Usw.

Eine besondere Zuspitzung erfährt die Thematik, wenn das Verhältnis besonders eng scheint und die Lösung nicht erfolgt. Dies scheint insbesondere der Fall zu sein, wenn die Erfahrungen mit dem anderen Geschlecht bislang schwierig waren. Vielleicht hat es sogar eine Trennung vom Vater gegeben: Nun wird der eigene Sohn der Mann werden, den sich Frau immer gewünscht hat. Der Sohn wird sprichwörtlich zum »Sohnemann«. Der Weg vom Sohnemann zum Muttersöhnchen scheint nicht weit. Während ein inniges Mutter-Tochter-Verhältnis durchaus positiv bewertet wird (eine begriffliche Entsprechung zum »Muttersohn« gibt es für Töchter nicht), gelten Muttersöhnchen als ausgesprochen schwierige Beziehungspartner. Die »Schwiegermutter« lauert im Gepäck des Liebhabers.

»Machen Mütter Muttersöhnchen?«, fragt Astrid Kaiser (2014) in einem Artikel. Die Bindung zwischen Mutter und Sohn ist in diesen Fällen so innig, dass von wechselseitigem Vergöttern die Rede ist. »Bei Mutti schmeckt's am besten …« und Mutti malt teils ein Zerrbild: Da wird der gewalttätige Macho zum lieben kleinen Kerl. Die Mutter-Kind-Symbiose scheint in zugespitzten Fällen nicht aufgelöst, sondern vonseiten der Mutter forciert zu werden. Gerade wenn die eigene Kindheit von Mangel geprägt war, ist die Gefahr, diesen Mangel am Sohn nachzuholen, groß.

Besonders schwer für die männliche Identität wiegt, wenn die Mutter sich vom Vater getrennt hat und den Kontakt abbricht oder der Vater seinerseits abwesend ist. Aus der Sicht der Mutter ist der Schritt oft durchaus nachvollziehbar, doch das mangelnde männliche Vorbild kann sich für Jungen in der Pubertät und auch später in einer schweren Identitätskrise äußern. Konstellationen, in denen Väter abwesend sind, können richtig für die Paarbeziehung sein: Für die Kinder ist ein dauerhaft abwesender Vater meist mit Folgen verbunden.

Mutter haben und Mutter sein: über eine unfreiwillige Erbengemeinschaft

Wenn wir uns mit der Mütterthematik beschäftigen, stehen wir vor einer Besonderheit: In kaum einem anderen Thema ist das Haben so eng verwoben mit dem Sein. Das liegt in der Sache und der Natur an sich: Wir können also dem Thema auf der Spur sein, dass wir eine schwierige Mutter haben, aber zugleich wächst mit jedem Tag unseres Frauseins eine potentielle Mutter in uns heran. Das Kind von heute ist die Mutter von morgen. Und auch unsere Mutter, so unvorstellbar es scheint, war genau ein Kind wie wir. Wir ahnen es: Mit jedem Zellsterben in uns rücken wir unserer eigenen Mutter ein Stück näher, drohen wir ähnliche Leiden zu erleben, drohen wir familiäre Dramen zu wiederholen und drohen nicht zuletzt auch dem ultimativen Supergau näher zu rücken: nämlich selbst eine schwierige Mutter zu sein. So naheliegend nach Jahren der Auseinandersetzung, nach langem Ringen nun eventuell liegt, dass die eigene Mutter schwierig war, der Ausspruch »Bloß nicht wie meine Mutter« zum Mantra des Midlifes mutierte, umso erschreckender das Erkennen, dass die eigenen Kinder tönen wie wir selbst. Mütter dienen als Modelle: Zur Nachahmung und Abschreckung offenbar gleichermaßen.

Auf eine Weise bleiben wir also immer auf die von uns als schwierig definierten Mütter bezogen: Wenn die Mutter schwierig erlebt wurde, dann bleibt das Bestreben, ihr unähnlich zu sein, handlungsbestimmend ebenso wie die Suche nach einer eigenen Identität. Der vielleicht durchaus lieb gemeinte Satz einer gemeinsamen Bekannten, dass man ja genau so sei wie die Mutter, so aussähe etc., wird zum Schrecken, unter dem sich nicht der Abgrund des gemeinsamen genetischen Ursprungs auftut. Frau wollte doch anders sein! Und wieder webt es sich in die nächste Generation: Die Freude, wenn die eigenen Kinder als ähnlich identifiziert werden. Was liegt unter dem Thema?

Entwicklung ist in unserem Kulturkreis gleichgesetzt mit Eigenständigkeit. Heißt es, wenn ich ihr ähnlich sehe, dass ich auch ihre Schwierigkeiten und Krankheiten, Macken und Absonderlichkeiten geerbt habe: Sprich, habe ich nicht nur das genetische Optimum, sondern alles mit den schwärzesten Schatten geerbt? Tue ich meinen Kindern also auch etwas an, was ich doch nie wollte? Mit zunehmendem Alter schreibt das Lebens-Verfallsdatum zudem einen Vorspann auf das eigene Leben, den man allzu gern wie lästige Werbespots einfach wegzappen möchte: Gehbehindert, dement, im Rollstuhl, womöglich unattraktiv, peinlich. Auch das ist ein Szenario, das wir meiden, wenn wir die Mutter meiden.

Bloß nicht wie meine Mutter – Schleichende Transgenerationalität

»Als ich meine Tochter geboren hatte, war sie mein ganzer Stolz. Ich wollte alles richtig und perfekt für sie machen. Sie weinte viel. Plötzlich spürte ich, wie ich sie ein wenig zu fest packte, und hörte mich sehr grob sagen: ›Wenn du rumschreist, wollen wir dich hier nicht!‹ Ich bemerkte, wie ich sie in einem Zimmer strafend isolieren wollte. Als ich bemerkte, was ich gerade tat, war ich entsetzt über mein Verhalten: Das war gegen alles, was ich pädagogisch und menschlich vertrat. Es dauerte eine Weile, bis ich herausfand, dass ich im Begriff war, meiner Tochter genau das anzutun, was mir als Kind passiert war: bestrafen durch Ausgrenzung bei Nichtgefallen. Puh, und plötzlich waren meine Mutter und meine Kindheit wieder da. Ich habe mich ein paar Jahre durchgequält, dann

eine Therapie begonnen: Obwohl es mir schwerfiel, meine Hilflosigkeit und Inkompetenz einzugestehen, hat das geholfen.«

So wie der Mutter im Beispiel geht es jungen Frauen oft: Sie wollen keinesfalls die eigene Erfahrung mit der Mutter, hier Gewalterfahrung mit der Mutter, wiederholen – sie sind in Sorge vor Wiederholung an den eigenen Kindern, aber es fehlt oft an Handlungsalternativen; und die Frauen, die noch nicht schwanger sind, fragen sich: Kann ich den Kindern etwas geben, was ich selbst nicht von meiner Mutter bekommen habe?

Modelllernen und transgenerationale Belastung

In den 1960er-Jahren erkannte Albert Bandura (1965) erstmals, dass Kinder beobachtetes Verhalten imitieren. Erhielten Kinder beispielsweise für das Schlagen einer Puppe im Anschluss daran eine Belohnung, zeigten die Kinder, die dieses beobachtet hatten, mit höherer Wahrscheinlichkeit ähnliches Verhalten. Weitere Untersuchungen zeigten, dass auf den Prozess der Nachahmung folgende vier Prozesse Einfluss nehmen: Prozesse der Aufmerksamkeit, des Gedächtnisses, motorischer Reproduktion sowie Anreiz- und Motivationsprozesse. Es kann angenommen werden, dass Kinder, die in ihrer Kindheit schlagende Mütter als »erfolgreich« erlebt haben (die sich damit durchsetzten), große Gefahr laufen, dieses Verhalten auch im Erwachsenenalter zu imitieren. Das als Modell- oder auch Imitationslernen bezeichnete Phänomen ist in modifizierter Form heute fester Bestandteil kognitionspsychologischer Lerntheorien. Im unguten Fall wird das Erlernte so von Generation zu Generation weitergegeben (etwa »alle Frauen der Familie sind abhängig«). Diese Weitergabe bezeichnet man auch als transgenerationale Belastung.

Wenn Mütter ihr erstes Kind in den Armen halten, vielleicht auch schon, wenn sie seine ersten Bewegungen in ihrem Bauch spüren, spätestens dann ahnen sie, dass sie ihr nicht entkommen können, auch wenn sie es noch sehr wollten; denn spätestens dann ist sie da: die eigene Mutter. Ob sie tatsächlich als Person im Raum ist, spielt dabei keine große Rolle. Spätestens jetzt bemerken wir, dass uns in unserem Kind immer auch sie begegnet, ob die Bilder und Erinnerungen angenehm sind oder nicht: Sie betreten in einer scheinbaren Zwangsläufigkeit den Raum. Sie sind beteiligt an der Art und Weise, wie wir auf unser kleines Kind zugehen, es wiegen, behandeln. Wenn es uns anschaut, scheint wie durch einen Nebel auch unser kleines Kind den Raum mit zu betreten und uns auch anzuschauen. Wie wir es auch drehen und wenden: Mütter sind dabei, und wir sind auf sie bezogen. Vielleicht erleben wir uns, indem wir sie als Modell nachahmen, vielleicht bemühen wir uns, anders zu sein, zärtlicher als unsere Mutter, nicht so dominant (um später von unserem eigenen Kind zu hören, dass es mehr klare Ansagen gebraucht hätte): Unsere Mutter schreibt unsere Muttergeschichte mit, ebenso wie sie unsere Lebensgeschichte geprägt hat. Und oftmals lautet eine simple Antwort auf die Frage, warum denn die Mutter so sei, wie sie ist: Sie hatte es von ihrer Mutter.

Und auch Mangel und Schrecken ihrer Kindheitstage begegnen uns in unserer Mutter. Manchmal werden Kinder dann allzu jung »Eltern ihrer Eltern«: Die Mutter, die ein unterernährtes inneres Kind in sich trägt, ist verführt, ihr reales Kind in die Zuständigkeit für die Versorgung ihrer Altlasten zu bringen. Allzu jung wird ihr Kind zur »Mutter« ihres inneren Kindes. Gerade, wenn die Kindheit der Mutter schwer war, birgt diese Tatsache die Gefahr, dass das Kind in seinen eigenen Schwierigkeiten und Bedürftigkeiten wenig gesehen wird. Die Mutter hat es grundlegend immer »schlimmer«: Keine Klage, kein Schmerz des Kindes erscheinen im Angesicht des erfahrenen Leides der Mutter (z. B. Kriegstraumata etc.) berechtigt. Mühsam müssen sich diese Kinder als Erwachsene das Recht auf ein eigenes Leiden erarbeiten.

5. Narben: Spuren des Gestern

Auch die Seele kann Narben tragen. Mit dem Wort Narbe bezeichnet man allgemein eine Stelle auf der Haut, an der man noch erkennen kann, dass hier einmal eine Wunde war. Wenn die Wunden zu groß und zu zahlreich werden, erzählt die Seele auf ihre Weise von den Wunden vergangener Tage. Während Kinder oft noch einen unverstellten Zugang zu ihrer Seele besitzen, müssen Erwachsene die Sprache ihrer Seele verstehen lernen. Oft ist diese Sprache eine Fremdsprache, manchmal spricht die Seele durch den Körper: Da kann jemand wie aus dem Nichts plötzlich keinen Schritt mehr vor den anderen setzen, da spielt der Körper scheinbar »verrückt«, und kein Arzt kann Ursachen finden. Morsezeichen aus dem Dunkel, Hilfeschreie des Gestern: Spätestens dann macht es Sinn, die Wunden unter den Narben genauer anzusehen: Nicht, um die Wunden neuerlich aufzureißen, sondern um sie zu erkennen, um sie zu pflegen und vielleicht sogar zu heilen.

Wir möchten Ihnen an dieser Stelle eine uns berührende Geschichte nacherzählen (frei zitiert nach Bucay, 2014): *Der Erzähler beschreibt seine Begegnung mit einem Elefanten im Zirkuszelt, als er selbst etwa 6 Jahre alt ist. Eindrucksvoll wirkt die Größe des Giganten auf den Kleinen, das ungeheure Gewicht und die Kraft imponieren ihm, erkennt er doch in dem Dickhäuter einen Giganten des Tierreiches. Vor und nach dem Auftritt ist der Elefant an einem kleinen Pflock angekettet, einem dünnen Stück Holz, knapp an der Erdoberfläche steckend. Was den Elefanten zurückhalte, sich von diesem Pflock zu befreien, obwohl er es mit Leichtigkeit könnte, fragt sich der Erzähler und braucht Jahre, um die Antwort zu finden: »Der Zirkuselefant flieht nicht, weil er schon seit frühester Kindheit an einen solchen Pflock gekettet ist« (Bucay, 2014, S. 7). Als neugeborener Elefant, so stellt er sich vor, wird der Neugeborene es versucht haben zu fliehen, wieder und wieder, vielleicht bis er erschöpft zusammensinkt. »Bis eines Tages, eines für seine Zukunft verhängnisvollen Tages, das Tier seine Ohnmacht akzeptiert und sich in sein Schicksal fügt« (Bucay, 2014, S. 7). Er versucht nicht mehr zu fliehen, weil er nun glaubt, dass er es nicht kann. Die Erinnerung an die ohnmächtigen Erfahrungen kurz nach seiner Geburt haben sich tief in sein Gedächtnis eingebrannt. »Nie wieder hat er versucht, seine Kraft auf die Probe zu stellen« (Bucay, 2014, S. 7).*

Erwachsene mit belastenden Kindheitserfahrungen haben oftmals Ähnlichkeit mit dem in der Geschichte beschriebenen Dickhäuter: Auch sie haben ihre Stärke, ihre Kraft und ihr Potential vergessen oder den Zugang dorthin verloren.

Wunden im Schatten

Was Menschen in ihrem Leben möglich machen, obwohl sie in ihrer Kindheit mit schwersten Belastungen zurechtkommen mussten, ist beeindruckend. Viele dieser Kinder scheinen als Erwachsene förmlich über sich und die Belastung hinauszuwachsen: Sie werden vorbildliche Familienväter und Mütter und leisten oftmals sogar Wichtiges für die Menschengemeinschaft: Dabei erweisen sich die Verletzungen aus Kindheitstagen sogar teils als spezifischer Motor, etwas für andere zu tun. Manche werden besonders erfolgreich: Man möchte in all diesen Fällen beinahe an Wunder glauben.

Bei einem anderen Teil der Kindheitsbelasteten klafft beruflich zu verbuchender Erfolg auseinander mit dem persönlichen Bereich: Im persönlichen Bereich fühlen sich diese Betroffenen unzufrieden, wechselnde oder unbefriedigende Beziehungen etwa verschlechtern die Lebensqualität. Teils scheint die Persönlichkeitsentfaltung mit dem Reifungsprozess nicht Schritt halten zu können.

» *Herr R. ist leitend in einer karitativen Einrichtung tätig. Immer wieder gibt es Stress, so empfindet er, mit seinen Mitarbeitern. Seine Angestellten beschweren sich wiederholt, dass er über »Kleinigkeiten« lospoltere, unangemessen verletzt und trotzig reagiere. Eine Mitarbeiterin wagt die Konfrontation: »Sie benehmen sich in den Augen aller hier wie ein Kleinkind«, äußert sie. Nach einer Zeit des »Schmollens«, wie er es nennt, möchte Herr R. diesen Teil in der Supervision ansehen. Es reiche ihm, dass es immer wieder Ärger gebe um seine Person. In einer Arbeit mit Anteilen, die in seiner Leitungskompetenz eine Rolle spielen, entdeckt er seinen kindlich-trotzigen Anteil. Und genau dieser Teil führe tatsächlich in schwierigen Situationen, wenn er sich hilflos und ohnmächtig fühle, Regie. Obwohl er äußerlich zu den »Erfolgreichen« gehöre, fühle er sich oftmals innerlich klein, unfähig und abhängig. Gefühle, die lange Zeit seine Beziehung zu seiner chronisch traurigen Mutter bestimmt hatten. Er habe, trotz seiner für andere machtvoll anmutenden Position, das subjektive Gefühl, nichts bewirken zu können, nichts geschafft zu haben.*

Während diese erwachsenen Kinder auf der Erfolgsleiter im Beruf höher klettern, schiebt sich auf wundersame Weise der Schatten in ihr Leben: Ein kindlicher oder pubertärer Anteil in ihrem Leben sucht, scheinbar gegen jede äußere Logik, immerfort nach Anerkennung, nach Bestätigung und nach Gesehenwerden. Für ihr soziales Umfeld, etwa für Mitarbeiter oder Freunde, scheint das nicht zusammenzupassen: Das soziale Umfeld leidet unter diesem verletzten Teil, erleidet etwa Aggressionen oder Bestrafungen, die sie als unangemessene Verhaltensweisen, wie hier des Chefs, erleben. Die Mitarbeiter ahnen nicht, worin die Verhaltensweisen ihres Chefs wurzeln: Sie bekommen diese unterschiedlichen Persönlichkeitsteile einfach nicht zusammen, erleben diese als eigentlich nicht zur Person gehörig. Konflikte sind dann vorprogrammiert, oftmals werden solche Arbeitsverhältnisse aufgekündigt. Im ungünstigen Fall schreiben Betroffene, wie hier der Chef, die ständig auftretenden Probleme dann ihrer Umwelt zu und ziehen weiter an neue Orte: und stehen wieder vor Enttäuschungen.

Der Kern der Problematik jedoch, die man als Schatten bezeichnen kann, wirkt unerkannt weiter: Diese Seite ist nicht mit den anderen Teilen der Person verbunden, sondern abgespalten. Wird der Zusammenhang zur Kindheit nicht aufgearbeitet und die Spaltung nicht erkannt, der Schatten schließlich integriert in die gewachsene Gesamtperson, entstehen Wunden. Diese Wunden werden die Basis des Handelns: Sie schreiben Muster fest, aus denen die Betroffenen meinen, nicht aussteigen zu können. Die Kindheitsbelastung wird zum Korsett. Wenn etwa der Schatten, nicht gesehen worden zu sein, Regie schreibt, so ist das Leben von diesem Schatten nachhaltig geprägt. In allen Lebensbereichen ist dann das Gesehenwerden der eigentliche Motor des Handelns. Plant der Chef also ein Projekt, so wird er weniger von den Inhalten des Projektes geleitet und von dem, was allen guttut, sondern ob er dabei gesehen wird. Wenn derart Betroffene selbst Eltern werden, wird die Beziehung zu den eigenen Eltern innerlich aktiviert und damit auch die Narben und Schatten.

Auch gesellschaftlich ist eine Spaltung von den Schatten zu beobachten. Dies spiegelt sich in unterschiedlichen Strömungen: Eine ist die Überbewertung des Denkens. Orientierung entsteht im Zusammenspiel von körperlichen, geistigen und fühlenden Aspekten. In vielen geistigen Theorien wird heute allein das Denken des Individuums verantwortlich gesehen für Schwierigkeiten, die vorhanden sind. Diese Sichtweise wird auch auf Schwierigkeiten in Beziehungen übertragen. Es wird angenommen (etwa in der Strömung des positiven Denkens), dass Menschen, die Schwierigkeiten in Beziehungen erleben, zu kompliziert denken und damit ihre Schwierigkeiten selbst erzeugen. Natürlich gibt es Zusammenhänge, aber diese Vereinfachung, die Glücksformel allein auf individuelles Denken zu reduzieren, ist eine unverschämte Vereinfachung, die traumatisierte Menschen, Menschen mit Kindheitsbelastungen, Menschen aus sozial benachteiligten Welten diffamiert, indem ihre Schwierigkeiten als selbst erzeugt definiert werden. In einer Welt, in der das positive Denken scheinbar zu unbegrenzten Möglichkeiten führt, wird ein Mensch, der Schwierigkeiten hat, in die Reihe der Versager und Erfolglosen gestellt. Die britische Bloggerin, Laurie Pennie (2016), identifiziert eine neue Wellness-Ideologie und pointiert: »Denk positiv, trink Smoothies und mach Yoga, während der Planet brennt. Wenn du dich schlecht fühlst, bist du das Problem. Kann diese Wellness-Ideologie schaden? Ja.« Die Machbarkeit wird in dieser Art zu denken vollmundig an den Einzelnen delegiert: Du musst nur das richtige Mantra sprechen, so wird vermittelt, dann bist du auf der sicheren Seite. Das angebliche Problem ist dann nur der Einzelne, der bestimmte Gesundheitsaspekte nicht umsetzt. »Wenn du dich miserabel oder verärgert fühlst, weil dein Leben ein ständiger Kampf gegen

Armut und Vorurteile ist, dann bist du das Problem. Die Gesellschaft ist nicht verrückt oder kaputt: Du bist es« (Pennie, 2016).

Neuere wissenschaftliche Erkenntnisse, etwa aus der Hirnforschung und Psychoneuroimmunologie, eröffnen uns jedoch Perspektiven, die den Zusammenhang von heutiger Befindlichkeit und dem Erleben aus Kindheitstagen in ein anderes Licht rücken. Forschungen zeigen es mehr als deutlich:

- es besteht ein Zusammenhang zwischen emotionalen Belastungen in Kindheitstagen und emotionaler Befindlichkeit im Erwachsenenalter
- es besteht ein Zusammenhang von wiederholten stressenden Kindheitserfahrungen und chronischen/schweren Erkrankungen im Erwachsenenalter.

Neuronale Spuren schwieriger Kindheitstage

Belastungen aus Kindheitstagen können tiefe Spuren hinterlassen, die nachweisbar sind: Sie sind messbar am Serum-Cortisolspiegel, sichtbar in Zerstörungen neuronaler Strukturen in bestimmten Hirnbereichen, vor allem im Hippocampus, der Amygdala und des Corpus Callosum. Verursacht werden dadurch organisch begründbare Regulationsstörungen, später auch komplexe Störungen in den Bereichen Lernen, Emotionen und Verhalten (Trost, 2003; Hüther, 1999, 2014; Spitzer, 2003; Roth & Strüber, 2014). Auch wenn dieser Zusammenhang von neuronaler Schädigung für betroffene Kinder in quantitativen Untersuchungen noch weiter untersucht werden muss, wird angenommen, dass lang andauernde wiederholte Belastungen der familiären Umwelt neuronal entsprechend verankert werden und diese »emotionalen Straßen« auch dann aufgesucht werden, wenn es nicht mehr vonnöten ist. Dies zeigte sich insbesondere bei denjenigen Erwachsenen, die bis ins hohe Alter keine Auflösung des familiären Tabus erfahren hatten. Es scheint in diesen Fällen schwer zu sein, eingefahrene Hirnstraßen zu verlassen (etwa die der Angst und Ohnmacht) und neue Straßen (Freude, Hoffnung etc.) zu befahren.

Wenn der Tanz Narben hinterlässt

Wenn Sie Ihre Mutter als schwierig erlebten, wenn Sie in Kindheitstagen oft gelitten haben, dann heißt das nicht zwangsläufig, dass Sie daran erkranken müssen. Die Seele merkt sich schmerzliche Erfahrungen, sie speichert Wunden ab: Die Seele erhält eine andere Tönung. Um es in Farben auszudrücken: Vielleicht sind sie gelb auf die Welt gekommen und nach zehn Jahren hat sich viel grau eingeschlichen. Vielleicht auch schwarze Flecken: Narben, die schon verheilen oder noch mit Vernarben beschäftigt sind und von den darunterliegenden Wunden erzählen. Die Tönung Ihrer Seele bestimmt maßgeblich Ihre Erlebensqualität, sie tritt in Resonanz zu anderen Menschen: Sie schreibt ein Stück Ihrer Welt.

Oftmals, wenn Menschen der Thematisierung der Kindheitsbelastung negativ gegenüber eingestellt sind, wird Statistik bemüht. Nach unserer Erfahrung liefern Zahlen zwar Hinweise, das individuelle Leiden lässt sich aber nicht in Zahlen ausdrücken. Nehmen wir beispielsweise die Tatsache, dass etwa ⅓ aller Alkoholiker selbst ein alkoholerkranktes Elternteil hatte, so ist diese Zahl wichtig: Wenn Sie einen alkoholerkrankten Elternteil hatten, so können Sie feststellen, ob Sie selbst zu den ⅔ der Nichtsuchterkrankten gehören oder doch zum ersten Drittel. Aber ob sich Ihre Innenwelt nachhaltig verändert hat, ohne dass Sie selbst Alkoholiker geworden sind, ob Sie unter Ruhelosigkeit, extremen Selbstwertproblemen und Bindungsproblemen leiden, andere Süchte leben, immer wieder quälende Stunden mit unguten Erinnerungen verleben, darüber geben diese Zahlen, bei aller Wichtigkeit, keine Auskunft. Manchmal werden sie auch ungut als Totschlagargument gegen Gefühle eingesetzt: Was bist du traurig und verletzt, wird dem Betroffenen vermittelt per Statistik, andere haben es doch auch geschafft. Eine ungute und selten hilfreiche Vergleichsmentalität.

Die Narben, die Kinder in belasteten Kindheiten erlitten haben, sind so unterschiedlich wie die Tänze, die sie tanzen.

Zwischen Hypersensibilität und Gefühllosigkeit: Gefühlsnarben aus neurowissenschaftlicher Sicht

Versuchte Erklärungen müssen im Angesicht der hoch komplizierten Vorgänge in unseren Hirnen unverschämte Vereinfachungen bleiben, versuchen wir dennoch eine Annäherung: Außenwelt hinterlässt Spuren in der Innenwelt. Neurologisch spricht man hierbei von inneren Repräsentationen der Außenwelt. Auch die Repräsentationen unserer Gefühlswelt (neurowissenschaftliche Untersuchungen u. a. von Spitzer, 2003, etc.) spiegeln erlebte Erfahrungen. Unsere Gefühlswelt ist erlernt, vor allem durch soziale Erfahrungen. Befinden, Stimmungen und Gefühle sind bei Kindern schwieriger Eltern oftmals stark in Mitleidenschaft gezogen, denn das Gehirn baut sich so auf, wie es genutzt wird. Es entstehen verschaltete Erregungsverläufe, die wir wie Bahnen im Gehirn ansehen können.

Kinder lernen etwa: »Wenn Mama einen Schub hat, gibt es Ärger für mich!« Wird diese Erfahrung wiederholt gemacht, wird diese Erfahrung auch neuronal verschaltet: Sie bildet eine Hirnspur. Je öfter diese Erfahrung gemacht wird, umso tiefer gräbt sich diese Spur im Hirn ein, sprich: Kinder entwickeln Ängste (eine Hirnautobahn »Angst«), und weitere mit diesem Erleben verbundene Gefühle werden nutzungsabhängig verschaltet. Aus dem Kind, das in einer Szene Angst hat, wird bei dauerhafter Wiederholung leicht ein überängstliches Kind: Insbesondere dann, wenn, wie oft in tabuisierenden Familien, das Gefühl des Kindes nicht benannt und besprochen werden darf, das Kind folglich keine angemessene Unterstützung in Form von Trost oder Halt erfährt. Das Befinden Betroffener wird durch dieses kindliche Krisenerleben geprägt, das Gehirn entsprechend gebaut – auch als Erwachsene, wenn das Elternhaus längst verlassen wurde, sind diese grundlegenden Verschaltungen angelegt. Es ist also nachvollziehbar, dass ein in der Kindheit entsprechend »verschaltetes« Gehirn, bei dem die Spur Angst zu einer regelrechten Autobahn im Kopf entwickelt wurde (Formulierung in Anlehnung an Hüther, 1999, 2014), auch im Erwachsenenalter schnell auf eben dieser Autobahn landet. Denkweisen, Selbstbild, Körpererfahrung usw. sind neuronal verschaltet und bilden ein Erlebens-Panorama im Jetzt, das im familiären System erlernt wurde. Sind die in der Familie erfahrenen Gefühle für Kinder zu überfordernd, kann es sein, dass sie sich vom Fühlen verabschieden. Gefühllosigkeit ist dann die Narbe, unter der sie bis ins Erwachsenenalter leiden.

Wäre ich besser, wäre meine Mutter netter – die leidige Schuldfrage

»Du kannst nichts dafür!« Immer wieder, gebetsmühlenartig beinahe, wiederholt Robin Williams in der Rolle des Therapeuten im Film »Good Will Hunting« diesen Satz an sein Gegenüber: Den sich supercool gebenden jugendlichen Klienten, ungerührt von seinen gewalttätigen Taten. Dieser Schlüsselsatz öffnet im Film die Tür: Der Therapeut kommt ihm näher, der Klient bricht in Tränen aus – ein Dammbruch. Beziehung ist geebnet. Es gelingt dem Therapeuten, die Schuld von seinen Schultern zu nehmen. Viele Kinder schwieriger Eltern fühlen sich für deren Schwierigkeiten verantwortlich.

Ziehen wir Entwicklungspsychologie und Neurowissenschaften zurate: Kinder machen unterschiedliche Entwicklungsstadien durch. Im Kindesalter durchlaufen sie eine Phase, die Psychologen auch als Phase des Egozentrismus bezeichnen (Piaget, 2015). Kinder glauben in diesem Alter, alles erschaffen zu können und für alles, was um sie herum passiert, verantwortlich zu sein. Bei Streitigkeiten der Eltern etwa fragen sie sich, welchen Grund es dafür wohl gibt. Da das Kind noch nicht in der Lage ist, Beziehungskonflikte und Probleme tiefergehend zu durchschauen, gibt es sich selbst daran die Schuld. Unangemessenes Handeln der Mutter, das mit bestimmten Krankheiten wie Sucht oder Beziehungsproblemen zusammenhängt, beziehen die Kinder auf sich. Halten diese Probleme über viele Jahre an, so wird diese dauernd genutzte Hirnspur (um es vereinfachend aus neurowissenschaftlicher Perspektive zu beschreiben), nennen wir diese hier die »Ich-bin-verantwortlich-für-unsere-familiären-Probleme«-Hirnspur bis hin zu »Ich-bin-schuld-an-der-Krankheit-meiner-Mutter«-Hirnspur«, zu einer breiten, vielbefahrenen Hirn-Autobahn (Hüther, 1999, 2014). Da die Schwierigkeiten der Mütter von Kindern nicht befriedigend bewältigt werden können, entwickeln diese Kinder in der Folge meist ein herabgesetztes Selbstwertgefühl: Ein grundlegendes Gefühl der Unzulänglichkeit sowie ein Gefühl, nicht liebenswert zu sein, bestimmen das Selbstbild. Im ungünstigen Fall entsteht ein Lebensproblem, das mit in die nächste Beziehung genommen wird und sogar die neu gegründete Familie, wie im Fall von Herrn R., nachhaltig negativ beeinflussen kann. Um dies zu verhindern, ist es erforderlich, das Schwierigsein der Mutter erst einmal zu erkennen. »Ich beziehe das Verhalten meiner Eltern nicht mehr auf mich« kann ein weiterer Schritt zu mehr Lebens- und Beziehungsqualität sein. Um aus dieser Aussage eine gelebte Haltung werden zu lassen, muss sie täglich, wie beim Sport, eingeübt werden, damit eine neue Hirnspur aufgebaut wird, um im Bild zu bleiben, die später zu einer neuen Hirnautobahn werden kann. In Teil 2 finden Sie hierzu kreative Selbsterfahrungen und Anleitungen.

»*Herrn R.s Mutter wirkt depressiv, solange Herr R. denken kann, seit seinen frühesten Kindheitstagen. Behandlungen vermeidet die Mutter, Ärzte und Therapeuten, so denkt sie, machten ihre Situation nur noch schlimmer. »Ich stand von Kindesbeinen an mit dem Leiden meiner Mutter ziemlich allein da« – sein Vater tat zeitlebens so, als habe die Mutter nichts. Seine Mutter interessiere sich wenig für ihn, und sein Vater sei vor allem mit sich selbst beschäftigt – schwermütig. Sie wirft ihrem Sohn, Herrn R., vor, wie gut es ihm doch gehe … während sie »vor die Hunde gehe«. Herr R. kann kaum noch abschalten, befürchtet, ähnlich depressiv zu werden wie seine Mutter, hat nun Eheprobleme, wegen derer er Hilfe sucht. Von seiner Frau fühlt Herr R. sich nicht wirklich geliebt (er hat Angst, dass sie ihn verlasse), seine Kinder beklagen seine Verschlossenheit. In Gesprächen wird deutlich, dass Herr R. bis heute annimmt, das Verhalten seiner Mutter ginge auf ihn zurück. Er sei nicht der Sohn, den seine Mutter sich gewünscht habe. Er sei kein guter Gesprächspartner und hätte sich noch viel stärker engagieren sollen, der Mutter zu helfen.*

Er hätte wahrscheinlich nie aus dem Elternhaus ausziehen dürfen, vermutet Herr R.

Hier passiert etwas, das als typisch für erwachsene Kinder schwieriger Eltern zu bezeichnen ist. Herr R. bezieht die Krankheit seiner Mutter auf sich. Er glaubt, die Depression der Mutter hätte grundlegend etwas mit ihm zu tun, sei letztlich durch ihn verursacht. Die Mutter sei so, weil er, Herr R., nicht interessant, nicht kooperativ, nicht klug genug sei usw. Eltern haben ihre Probleme in 99 % aller Fälle unabhängig von ihren Kindern – dies ist wichtig zu erkennen. Die Mutter ist depressiv, der Vater trinkt. Punkt! Die Eltern haben alle damit verbundenen Probleme – ihre Kinder sind mitbetroffen und fühlen sich verständlicherweise diesen Krankheiten oder Absonderlichkeiten gegenüber ohnmächtig. Sie haben die Erkrankung jedoch nicht verursacht – ihre übernommene Verantwortung ist ihnen meist nicht bewusst, liegt meist ebenso im Verborgenen wie diffuse Schuldgefühle.

Unterwegs zwischen Moral und Liebe, Scham und Verantwortung

Verstrickte Familien werden von großen Gefühlen regiert: unerkannt und unausgesprochen. In Ambivalenz gefangen, versuchen alle Gefühle zu vermeiden, von denen sie doch so sehr bestimmt sind.

»Sie ist eine unmögliche Person, aber ich liebe sie!« So beschreibt Hauptperson Florian Burkhardt in der Dokumentation »Electroboy« seine ambivalenten Gefühle gegenüber seiner Mutter. Burkhardt, ein männliches international erfolgreiches Model, hat schnell große Karriere gemacht. In kürzester Zeit erreichte er alles, was er sich immer gewünscht hatte, nur nicht das, was ihm am wichtigsten war: sich selbst zu entkommen. Panikattacken und Depressionen folgen. In der Dokumentation zeigt sich ein dramatischer Zusammenhang mit seiner Kindheit – ein großes Tabu hat die Familie in eine schuldige Sprachlosigkeit versetzt: der Tod des älteren Sohnes. Stumme Vorwürfe der Mutter an den Vater (sie sieht ihn verantwortlich für den Tod beim Autounfall der Familie). In diese Nachtrauerphase wird Florian hineingeboren.

Er sei überfordert gewesen, kann er rückblickend sagen. Überfordert, die Leere zu Hause auszufüllen, der Mutter »alles« zu sein und damit wie ein Schatz gehütet. Eingesperrt fühlte er sich, fliehen wollte er und fühlte doch immer Verantwortung: für eine Hilflosigkeit der Mutter, mit der sie ihn, so erlebt er es, zugleich bis heute einwickle.

Vater und Mutter ehren gilt als ethisches Grundprinzip, das schon in der Bibel festgeschrieben wurde. Wie weit geht dieses Gebot? Was dürfen Mütter, woran sind sie »schuld«, wo sind sie in die Verantwortung zu nehmen, wo unbedingt zu »entschuldigen«? Immer, wenn es um diese Fragen geht, werden die Diskussionen extrem und radikal. Oft kommt es in der öffentlichen Meinung zu Pauschalisierungen: Alle Kinder sollen ihren Müttern danken, alle Mütter haben ihr Bestes getan. Wenn es nicht so war, dann müssen die Erwachsenen angeblich »einfach nur vergeben«. *Einfach* ist hier, so zeigen unser Praxisalltag und das Erleben Kindheitsbelasteter, sicher nichts. Pauschalisierungen sind oftmals gerade von denjenigen Menschen zu vernehmen, die tatsächlich »die besten Eltern« hatten – sie können sich anderes nicht wirklich vorstellen –, und auf der anderen Seite von denjenigen, die selbst Schlimmes erlebt haben und diesen Teil aber endgültig verdrängen möchten. »Meine Eltern haben mich geschlagen, aber Sie sehen ja, es hat mir nicht geschadet.« Joviales Lachen, ein Lachen, das dem, der ihre Kindheitsgeschichten irgendwann erfährt, im Hals stecken bleiben mag.

Wenn das über die Eltern zu Erzählende nicht schön und glanzvoll daherkommt, wird es schwierig. Manche Ereignisse zwischen Müttern und ihren Kindern sind sogar so spektakulär oder so ausnehmend schrecklich, dass sie den Weg in die Presse finden: Man vermutet ein öffentliches Interesse. So auch heute beim Schreiben dieses Textes. Zufällig ausgewählte Zeitungen enthalten Schlagzeilen zu unserer Thematik. »Sind Eltern ein Leben lang schuld?«, fragt beispielsweise die Bildzeitung im Zusammenhang mit dem Prozess um den Sohn einer bekannten Schauspielerin. Er sagte vor der Öffentlichkeit aus, dass seine Vergehen, die er unter Alkohol- und Drogeneinfluss begehe, die Schuld seiner Mutter seien. Sie spiele in der Öffentlichkeit die engagierte Mutter, während ihr ihre eigenen Kinder völlig egal gewesen seien. »Gehört das in den öffentlichen Raum?«, fragt eine Mittags-Talkerin. Der Sohn solle sich was »schämen«!

Schuldgefühle sind eng verknüpft mit Scham. Kinder schämen sich stellvertretend für ihre Mutter und ihre Handlungen, sie schämen sich sogar für das, was sie ihnen antut, und fühlen sich nachher selbst »einfach peinlich«. Wiederholte Beschämung hinterlässt tiefe Spuren. Kinder versuchen, ihre Eltern vor Beschämung im öffentlichen Auge zu schützen, wie Sarah Kuttner (2016) in ihrem Roman eindrücklich beschreibt: »Wenn meine Mutter in den Hochphasen ihrer Traurigkeit so viele Beruhigungstabletten nimmt, dass sie nicht wach genug ist, um auf die Toilette zu gehen. Dann wasche ich das Laken und hänge es auf dem Balkon zum Trocknen auf. Wenn die Nachbarn auf dem Nebenbalkon die Laken beäugen und fragen, ob ich nicht ein bisschen zu alt sei, um noch einzupullern, sage ich leise: ›Ja‹, und schäme mich, als wäre es tatsächlich mein Urin auf den Streublumen« (S. 32).

Und fast immer ist Liebe mit im Spiel. Gefühle entziehen sich unserer Logik, und oft gilt »und« statt »entweder / oder«: Mütter können schwierig sein und doch von ihren Kindern heiß geliebt werden.

In die Wiege gelegt: Die siamesischen Drillinge Selbstverunsicherung, Selbstverlust und Selbstentwertung

Wenn die Beziehung zu wichtigen Personen zu Beginn des Lebens von Schwierigkeiten geprägt ist, dann kann das maßgebliche Auswirkungen auf den Kern der Persönlichkeit haben. Das ist nicht zwangsläufig eine bestimmte Folge, aber es lassen sich häufig Auswirkungen auf die Selbstwahrnehmung feststellen, die dann zu Folgen im Selbstwertgefühl führen können. Das ist insbesondere der Fall, wenn die Schwierigkeiten sehr früh in der Kindheit auftreten, lang anhalten und keine anderen Bezugspersonen zur Verfügung stehen. Das als schwierig Erlebte, insbesondere wenn es dem Kind wenig begreiflich erscheint, führt oftmals zu einem Kreisen um den schwierigen Erwachsenen.

Wenn etwa die Mutter suchtkrank ist und diese Suchterkrankung zugleich verheimlicht wird, dann bemerkt das Kind, dass etwas nicht stimmt. Es versucht, diesem »nicht Stimmigen« auf die Spur zu kommen. Ein Weg ist dann, die Mutter gleichsam ständig zu beobachten, um sie zu kreisen. Motor ist die Hoffnung, Kontrolle zu erhalten, indem das unberechenbare Verhalten der Mutter, das mit der Suchterkrankung einhergeht, für das Kind durch das Kreisen um die Mutter voraussagbar gemacht wird. Das Kind schützt sich durch dieses Kreisen dann vor etwaigen schlimmeren Folgen: Es kann durch seine permanente Beobachtung das Verhalten der Mutter präziser einschätzen. Es lernt, in den betrunkenen Situationen günstiger zu handeln: »Wenn sie eine Fahne hat, frage ich besser nichts zu meinen Hausaufgaben und reize sie nicht. Sie könnte sehr unangenehm werden.« So und ähnlich lauten die kindlichen Überlebensstrategien. Hält verheimlichtes Suchtverhalten über Jahre oder Jahrzehnte an, führt dies zu Gefühlen von Selbstverlust und Selbstzweifeln im Kind, andauernd bis ins hohe Erwachsenenalter. Das Außen erscheint als unsicherer Ort: Nirgends ist es so sicher, dass das Kind sich wirklich mit sich selbst in Ruhe beschäftigen könnte. In ständiger Alarmbereitschaft dreht sich seine Aufmerksamkeit wie ein Kreisel um die Mutter. Häufig behalten diese Kinder ihr Verhalten, ohne es selbst zu bemerken, als Erwachsene bei und »verschwinden« förmlich in anderen. Fragt man diese Kinder, wie es ihnen geht, so erzählen sie über ihre Mutter, später über ihre Partner – kaum allerdings über sich selbst: Sie haben sich selbst aus dem Blick und aus der Wahrnehmung verloren. Das Schwierigsein der Mutter hat zum Selbstverlust geführt. Da das süchtige Verhalten jedoch durch das Kind nicht zu stoppen ist, erleidet es zugleich immer wieder Niederlagen trotz all seiner Anstrengungen. Es glaubt, nichts bewirken zu können und wertlos zu sein, da ja zudem die Suchterkrankte nicht die dem Kind eigentlich zustehende Aufmerksamkeit anbieten kann. An die Stelle des Kindes ist bei der Mutter die Sucht getreten. Kinder verändern dann teils ihre Selbstzuschreibung in: »Ich bin wertlos!«

Familiengeheimnisse hinterlassen oft tiefe Spuren. Wenn das familiäre Tabu nicht aufgelöst wird, sucht es sonderbare Wege. *Auf die Frage, was passieren würde, wenn ihr Leben endlich besser würde (sie litt unter einer unendlichen Häufung von Krisensituationen), antwortete eine 42-jährige Klientin: »Eigentlich wäre das furchtbar. Dann könnte man ja gar nicht mehr bemerken, was mir früher alles angetan wurde.«* Hier wird das schlechte Leben zum Zeugnis der schlimmen Kindheit. Eine tragisch anmutende Entwicklung, die Nähe zu getarnter Selbstschädigung zeigt, aber auch zu verquer anmutendem Protest.

Verwirrt? Selbstbild-Fremdbild-Täuschung

Kindheit an sich ist keine Krankheit – auch eine schwierige Mutter nicht. Es kann im Rahmen dieser Kindheiten jedoch zu abstrusen und wirren Bewertungen kommen: Die überforderte Mutter erlebt beispielsweise das eigentlich pflegeleichte Kind als schwierig. Obwohl eigentlich sie eine Schwierigkeit zu meistern hat, wird diese nun dem Kind zugeschrieben. In der Folge nimmt das Kind diese Zuschreibung an: Das Schwierigsein wird zu seiner Eigenbewertung, Teil seines Selbstbildes.

»*Stefan ist elf Jahre alt und kommt in eine schulische Musik-Fördergruppe. Jedes Kind wählt ein Instrument dafür, wie es heute klingt und lässt dies in die Gruppe klingen. Stefan spielt erst nach langem Zögern, dann einen kaum hörbaren Ton. Was er selber höre: »Ich bin wie immer so laut und störe alle!«, sagt er mit dem Brustton der Überzeugung. Die anderen Kinder reißen die Augen auf. »Alter, du bist mega leise!« Die sonderbar anmutende Selbstzuschreibung erfährt in der weiteren Arbeit mit Stefan eine Auflösung. Stefans Mutter ist seit Langem herzkrank. Stefan hat verstanden, dass die Lautstärke der Kinder die Mutter stresse, vielleicht sogar für sie tödlich sein könne.*

Andere Betroffene erzählen, sich teils selbst nicht zu verstehen, beispielsweise:

- dass sie aus eigentlich harmlosen Anlässen in Tränen ausbrechen
- eine Freundin vergesse einen gemeinsamen Termin und sie verfielen in eine tagelange abgrundtiefe Traurigkeit
- dass jemand ihnen aufrichtige Liebe entgegenbringt und sie auf und davon laufen
- dass sie immer auf dieselben schlechten Partner hereinfallen
- dass sie wiederholt Ja sagen, wo sie eigentlich Nein meinen.

In solchen Fällen wird meist eine alte Erfahrung in einer neuen lebendig. Diese Erfahrungen rufen bei Betroffenen Verwirrung und Unsicherheit hervor. Die alte Erfahrung prägt die Erlebensweise und Lebensqualität des Jetzt. Als Kind wurde beispielsweise das »Nein« bestraft, »Ja« sagen ist zur erzwungenen zweiten Haut geworden. Schon immer mussten sie gute Miene zum bösen Spiel machen, ihre Beschämung etwa übergehen und mitlachen, weil sonst der elterliche Ärger noch größer wurde. Die Bestrafung des Bruders gerecht finden und nicht kritisieren, weil sie sonst selbst in der Gewaltlinie gestanden hätten. (Auch das Ansehen und Zusehen müssen bei elterlicher Gewalt kann hoch traumatisierend wirken und dazu führen, nicht mehr zu äußern, was wirklich gefühlt wird.)

Das diesen Erwachsenen sonderbar erscheinende Verhalten kann durchaus ein Geschenk sein: Es kann die heiße Spur sein, die Fährte, die Sie aufnehmen können, um sich mit Ihrer Kindheit zu verbinden. Spalten wir diese kindlichen Teile ab, so berauben wir uns wichtiger Energie- und Erlebenspotentiale, also um einen Teil unserer Identität.

Kindheitserfahrungen prägen Bewertungsmuster: Wenn Eltern tarnen und täuschen, Wahrheit verdrehen, verschönern oder verzerren, und das nicht nur einmal, sondern immerzu, weil es zu ihrem Charakter, ihrer Persönlichkeit oder einer Erkrankung gehört, dann lernt das Kind nicht, Dinge, auch zukünftig, angemessen einzuordnen. Es fehlen in der Folge Wertmaßstäbe: Was ist richtig, was falsch, was ist gerecht, was ungerecht, was ist wirklich wichtig und was doch unwichtig. Derart Betroffene leiden unter der Unfähigkeit, sich zu entscheiden, unter eigenen Fehleinschätzungen oder dem fehlenden Zutrauen, eine Entscheidung richtig fällen zu können.

Zu beobachten ist dann oftmals eine chronische Fehleinschätzung der eigenen Mutter: Eigentlich kluge Menschen mit einer Portion an Menschenkenntnis glauben fest daran, dass die Mutter sich ändern wird, auch wenn beispielsweise nach fünf Jahrzehnten keine Anzeichen dafür sprechen. Hier mutiert der in der Kindheit durchaus notwendige Glaube an die Mutter im Erwachsenenalter zur abstrusen Selbsttäuschung. Eine ungute Anleitung zum Unglücklichsein: Da wird immer weiter gehofft, dass die kühle Mutter warmherzig endlich Liebe schenkt, dass sie aufmerksam, einfühlsam und liebevoll sein wird, obwohl sie es doch nie war; es wird geglaubt, dass die grenzüberschreitende Mutter endlich feinfühlig reagieren wird. Die Hoffnung, die früher wichtig war, stirbt tatsächlich zuletzt: eine frustrierende Narbe.

Mein Ein und Alles: Grenzverluste

Auch fehlende Grenzen zwischen Mutter und Kind können zu nachhaltigen Narben im Selbsterleben werden. Manche Mütter haben selbst früh Grenzverletzungen erlebt: Sie tun sich entsprechend schwer, Grenzen bei ihren Kindern zu achten. Für manche Mütter scheint das Kind nur die Ausdehnung des eigenen Ichs darzustellen.

» *Frau H. hat einen Schlaganfall erlitten. Sie zeichnet ihre innere Landschaft als eine Durchgangsstraße: Jeder könne einfach hindurchlaufen. Ihre Mutter mache das schon zeit ihres Lebens so, stellt sie beim Malen entsetzt fest. Als Landschaft ihrer Sehnsucht malt sie ein geschlossenes System, das einige Schleusen hat, die sie selbst öffnen könne, wie sie wolle: Sie wolle nicht länger überrannt und geflutet werden. Zum ersten Mal in ihrem Leben schafft es Frau H. in der Zeit ihrer Genesung, ihrer Mutter »Stopp« zu sagen, als diese sie ungefragt besuchen möchte. »Mach mal die Augen zu, was du dann siehst, ist deins!«, sagte die Mutter oft. Als Frau H. zu ihrem 16. Geburtstag von der Patentante ein wertvolles Schmuckstück geschenkt bekommt, trägt die Mutter dieses, ohne zu fra-*

gen, mit großer Selbstverständlichkeit. Wagt Frau H. sich über das grenzverletzende Verhalten der Mutter zu beschweren, straft die Mutter mit Schweigen und Beleidigtsein. Frau H.s Eigenständigkeit und das Recht auf Grenzen werden zunehmend erstickt. Erst ihr Körper habe ihr durch die schlimme Erkrankung dieses Recht massiv aufgezeigt.

Manche Kinder von wenig grenzachtenden und vereinnahmenden Müttern vermeiden aus Angst vor eigenen Grenzverlusten jeden nahen Kontakt, andere bauen Bollwerke zur Abwehr um sich herum, die sie dann (manchmal auch für ihre Partner und Kinder) unerreichbar erscheinen lassen.

Und täglich grüßt das Murmeltier: Alte Beziehungen in neuen

Gestalten (so eine aus der Gestalttherapie stammende Sichtweise) tauchen so lange immer wieder auf, bis sie geschlossen sind: Alte Szenen, Muster und Verletzungen weben sich demnach so lange in neue, bis die ungelöste, noch nicht geschlossene Gestalt ganz geworden ist. In Ehen und Partnerschaften kann an diesen nicht geschlossenen Gestalten viel Leid entstehen bis hin zur Trennung und Scheidung der Partner. Manchmal kann dann das Wandern durch die Beziehungen der Kindheitstage hier eine ersehnte Auflösung bringen, die heiße Spur, von der aus ein anderes Verstehen der Partner und schließlich ein anderer Umgang miteinander möglich werden.

»*Das Paar in der Beratung beschreibt große Probleme seit der Geburt des ersten Kindes. Als Kern entpuppt sich nach einigen Sitzungen die »Mutterwerdung«. Für Herrn I. ist die ehemals geliebte Frau nach der Geburt des gemeinsamen Kindes plötzlich nicht mehr die attraktive Partnerin, sondern vor allem Mutter. Plötzlich, so beschreiben es beide, ist etwas anders zwischen dem Paar: Beide finden dafür keine Worte. Sie sei, so bemerkt er in der Paartherapie, plötzlich »genau wie meine Mutter«. Und plötzlich verhält sich der ehemals liebevolle Partner, so beschreibt die verzweifelte Ehefrau, »unmöglich«. Kalt sei er, lasse sie ins Leere laufen, halte keine Verabredungen ein, verhalte sich wie »ein trotziges Kind«. Mit in der Beziehung, so zeigt sich in den Sitzungen, ist plötzlich die dominante Mutter seiner Kindheitstage. Er rächt sich nun stellvertretend für das, was er als Kind erlitten hat. Er tut dies vor der therapeutischen Arbeit, ohne darum zu wissen.*

Im therapeutischen Zusammenhang besteht die Chance, solche Vorgänge, wie im eben geschilderten Fall, genauer anzusehen: hier eine Übertragung der Mutter auf die Ehefrau. Eine große Zahl von Ehen scheitert an ungelösten Übertragungen. Diese Übertragung kann nicht nur in Partnerschaften wirksam werden, sondern auch andere nahe Personen betreffen. (Die Mutter überträgt ihre schwierige Geschichte mit ihrem Bruder auf ihren Sohn etc.) Je weniger bearbeitet und bewusst eine schwierige Elternbeziehung ist, umso nachhaltiger webt sie sich in der Regel in die aktuellen Beziehungen.

Maß-Losigkeit: Vom unstillbaren Hunger des zu kurz gekommenen Kindes

»*Wenn der 35-jährige Herr R. seine Freundin besucht, dann weiß er, dass gleichgültig, wie oft er dies nun in den nächsten Tagen tun wird, gleichgültig, wie lange die einzelnen Besuche andauern werden, und auch gleichgültig, wie viele Aktivitäten seine Freundin bereits in Aussicht stellt, am Ende seine Enttäuschung stehen wird: Wenn sie einen Tag nicht kommt, zum Beispiel am Mittwoch nicht und an allen anderen Wochentagen schon, dann wird er sehr unglücklich werden und denken: »Niemand kümmert sich um mich. Sie liebt mich nicht wirklich, sonst hätte sie mich nicht allein gelassen. Ich sitze hier die ganze Zeit allein, obwohl ich doch eine Beziehung habe.« Auch jeden Abschied erlebt er dramatisch. Seine vorhergehenden Beziehungen sind gescheitert. Die Frauen sprachen von seinem Klammerverhalten, das ihnen Angst mache.*

Anfänglich ist Herr R. einfach erbost: Was soll er denn machen, fragt er sich, denn er liebt doch seine Partnerin, es ist doch schön, wenn er mit ihr zusammen sein will, oder? Die Partnerin sieht ihre Fürsorge und ihr

Bemühen um ihn nicht gesehen. Er trage, so findet Herr R. mit der Zeit heraus, einen Mechanismus in sich, der die Beziehung nicht mehr existent erscheinen lässt in dem Augenblick, wenn die nahestehende Person geht. Augenblicklich fühle er sich ängstlich und verlassen, einsam und unglücklich. Erst nach vielen Jahren erfährt Herr R., dass er als kleines Kind, noch im Säuglingsalter, für viele Monate von seiner Mutter getrennt war. Seine Reaktionen entpuppen sich in der Therapie als Teil frühkindlicher Wunden.

Aus entwicklungspsychologischer Perspektive kann dies mit dem Fehlen der sogenannten *Objekt- bzw. Personenpermanenz* erklärt werden, die im Säuglingsalter noch nicht ausgebildet ist: Sie umfasst die kognitive Fähigkeit zu wissen, dass eine Person, die zum Beispiel den Raum verlässt, auch weiterhin existiert, sich lediglich außerhalb des Wahrnehmungsfeldes befindet. Herrn R. ist es auf kognitiver Ebene bewusst, dass seine Partnerin auch existiert, wenn sie nicht mit ihm zusammen ist, seine Gefühlslage aus Säuglingstagen, also das Gefühl, dass seine Partnerin ihn für immer verlassen hat, wird unbewusst reaktiviert.

Das kleine Kind, das etwas erlitten hat, wohnt weiter in uns Erwachsenen: Je mehr es erlitten hat, je mehr es vernachlässigt und überhört wurde, umso mehr braucht es unsere Aufmerksamkeit heute.

Gestern belastet, heute krank?

»Kann es denn sein«, so fragen sich Menschen mit Kindheitsbelastungen, »dass ich nun als Mensch in der mittleren Lebensphase immer noch mein Kindheitspaket mit mir schleppe? Dass ich sogar krankheitsanfälliger bin als andere Menschen?« Diese Frage muss man, glaubt man wissenschaftlichen Erkenntnissen, mit »Ja« beantworten.

Erschreckend ist die erhöhte Körperspannung, die Menschen, für die es irgendwann in der Kindheit zu viel war, mit sich herumtragen. Die mit diesen Verwundungen einhergehende Körperspannung schreibt sich tief in die Muskeln hinein und wird für manche ein starres Korsett: Der Körper ist oft über Jahrzehnte in Daueranspannung, solange diese festgefrorene Energie nicht abreagiert werden kann. Auch chronische Hocherregung kann eine Folge sein. Erschöpfungszustände und andere chronische Leiden sind oftmals die Folge nicht entdeckter Kindheitswunden, die den Körper in dauerhaften Alarm versetzen: Auch wenn die Gefahr längst vorbei ist.

Körperorientierte Arbeit erweist sich hier als hilfreich (auch Trauma Release, Somatic Experience oder EMDR). Die Psychoneuroimmunologie liefert weitere Hinweise: Hier wurden Zusammenhänge zwischen traumatischen Erfahrungen im Kindesalter und bestimmten schweren Erkrankungen im Erwachsenenalter gefunden. Auch wenn biochemische Vorgänge komplex sind, lässt sich verkürzt festhalten: Ein von Kindheitstagen an überfordertes System ist irgendwann erschöpft. Es kommt durch Stressbelastungen im Kindesalter zu vermehrten Entzündungsreaktionen, was zu schweren Erkrankungen wie Rheuma, Krebs usw. im Erwachsenenalter führen kann (Schubert, 2014).

Viele kennen es aus eigener Erfahrung: Man wird zur anstehenden Prüfung nicht krank, aber kurz danach. Und so sind auch erwachsene Kinder schwieriger Eltern oftmals gerade dann krank, wenn die Belastung lange hinter ihnen liegt. Erkenntnisse hierzu liefert wiederum die noch junge Wissenschaft der Psychoneuroimmunologie.

Erkenntnisse der Psychoneuroimmunologie

In der Stresssituation selbst ist ein Hochfahren des Systems erforderlich, eine Aktivierung des Immunsystems erfolgt. Ein Schutzsystem wird aufgebaut, da Entzündung nun gefährlich wäre. Es erfolgt eine Cortisolausschüttung im Körper. Cortisol supprimiert die zelluläre Immunaktivität, die uns vor viralen Infekten schützt. Bei Überforderung und Stress fordert das Zwischenhirn an, in den Nebennieren Adrenalin zu produzieren. Es erfolgt also eine Verteidigung auf körperlicher Ebene, Erregung wird gedämpft. Chronischer Stress dämpft in der Folge Immun- und zelluläre Abwehr. Folgen umfassen Grippe- und Herpesanfälligkeiten sowie Anfälligkeiten für Neurodermitis- und Autoimmunerkrankungen sowie Allergien.

Warum Burn-out und frühkindlich erfahrene Ablehnung etwas miteinander zu tun haben können

»Herr S. ist 42 Jahre alt und leidet – Burn-out wurde bei ihm diagnostiziert. Eine Diagnose, die ihn schockiert. Er ist verzweifelt, ratlos auf der Suche nach Gründen für seine Erkrankung. Nach einigem Abwägen findet er einen Zusammenhang zu seiner Kernüberzeugung: »Ich bin eine große Belastung für andere!« Deshalb strenge er sich immerfort an: In seiner Familie – und seine Frau habe ihn trotzdem verlassen, sinniert er –, aber auch an seiner Arbeitsstelle, und da falle sein besonderer Einsatz auch niemandem auf; er sei in den vielen Jahrzehnten nicht einmal befördert worden. Zeit seines Lebens glaubt er schon, mehr leisten zu müssen als andere Menschen. Wie sinnlos das sei, äußert er nun im Folgenden. »Ich möchte eigentlich nur um meiner selbst geliebt werden – aber das gelingt mir nicht!« Herr S. wirkt ratlos und sehr erschöpft.

Als Herr S. in der Musiktherapiestunde Trostklänge für sein Inneres spielt (und das fällt ihm zunächst sehr schwer), äußert er, dass auch das ein sinnloses Unterfangen sei: Ihn höre eh nie jemand. Diese Erfahrung kenne er schon aus seiner frühesten Kindheit, schon als Kind habe er immerzu ins Leere gegriffen. Für seine Mutter sei er nichts als Belastung gewesen. »Du hast mir eine schlimme Schwangerschaft bereitet!«, sagte die Mutter häufig. »Wegen dir ist mein Körper entstellt und meine Karriere ruiniert.« Bis heute liege dies ohne Worte in ihren Blicken. Ihre Blicke seien ein einziger Vorwurf. Sie sei, glaubt Herr S., der gesellschaftlichen Norm der damaligen Zeit gefolgt, dass Frauen Kinder bekommen müssen – sie habe aber darunter gelitten, ein Kind betreuen zu müssen. Und zudem sei er persönlich ein solcher »Fehlschlag« für die Mutter gewesen, dass sie keine weiteren Kinder hätte bekommen wollen.

Wenn Kinder die erste Beziehung, gleich zu Beginn ihres Lebens, negativ erleben, Ablehnung gleichsam mit der Muttermilch aufsaugen, dann kann das zur nachhaltigen Belastung werden: eine besondere Beschwernis, die bis weit in das Erwachsenenleben hineinreichen kann.

Die Überzeugung, eine Belastung zu sein, kriecht in diese Betroffenen förmlich hinein, wird Teil ihres Selbstkonzeptes, erfasst sie mit Leib und Seele, mit Haut und Haar. Diese Überzeugung wiegt so nachhaltig und schwer, dass die Seele sie meist aus dem Bewusstsein »verdrängt«. Sätze wie »Ich bin eine Belastung!« »Ich muss mich anstrengen, um gesehen, geschweige denn geliebt zu werden!« werden Lebensdogmen, Mantren, unbemerkt ständig rezitiert, die das Leben als Erwachsene dirigieren. Diese Sätze übernehmen im Verborgenen des Unbewussten Regie: über die Art, wie Betroffene leben und fühlen, über die Weise, wie diese Kinder auch noch als Erwachsene auf andere zugehen, über die Art und Weise, wie sie in der Welt sind und auf diese zugehen.

Wie von unsichtbaren Magneten angezogen, stoßen Betroffene auf Partner, Chefs oder Freunde, mit denen sie marionettengleich ihre Kindheitserfahrungen, oftmals auf sehr dramatische Weise, als Erwachsene wiederholen. Und das tun sie nicht, weil sie, wie sie manchmal meinen, »verrückt« sind, sondern sie tun das, weil ihre Seele, dem Regiebuch des Unterbewussten folgend, nach einer guten Auflösung sucht: Sie hoffen, dass ihre Geschichte endlich einmal gut ausgehen möge. Wird das Muster, das diesen Beziehungsproblemen zugrunde liegt, nicht erkannt, so kann dies im Erwachsenenalter zu Krankheiten führen – Burn-out und Erschöpfungszustände sind typisch zu nennende Spätfolgen. Das von Kindestagen an unter Stress stehende System der Betroffenen kann die Belastung mit zunehmendem Alter nicht mehr kompensieren, die Reserven sind zu diesem Zeitpunkt aufgebraucht. Oft reicht dann ein negatives Lebensereignis als Auslöser, um das gesamte System völlig aus der Balance zu werfen. Betroffene, die allzu früh auf sich selbst gestellt waren, oftmals gar von früher Kindheit an den eigenen Eltern früh Eltern sein mussten, die beruflich ständig auf Hochtouren liefen und immerzu überall den »Laden schmeißen«, fühlen sich plötzlich so, als könnten sie nichts mehr. Es ist, so beschreibt es Herr S., als ziehe jemand permanent den »Energiestecker«.

Oft ist Müttern die Wirkung der Sätze, die sie an ihre Kinder richten, wenig bewusst, und noch viel weniger ihre eigene Haltung. Ein

Kind nicht wirklich gewollt zu haben, es doch nicht als Erfüllung des eigenen Lebens zu sehen, im Gegensatz zum damals üblichen Frauenbild, fällt in die Ebene der Tabuisierung. Herrn S. Mutter ist das Ausmaß dessen, was sie in ihrem Sohn ausgelöst hat, wahrscheinlich nicht präsent. Vielleicht würde sie seine Aussagen vehement dementieren, anders darstellen, relativieren, beschwichtigen.

6. Das hat Sie stark gemacht: Stärken und Widerstandskräfte

Übersehen wird unter den Narben oftmals, dass in belastenden Kindheiten, allem Schmerz zum Trotz, auch besondere Stärken erwachsen. Schwierige Mütter können auch Stärken in ihren Kindern zum Tragen bringen. Erwachsene Kinder von Suchtkranken zeigen beispielsweise oftmals großes Durchhaltevermögen, Manager- und Organisationsqualitäten, humorvolle Fähigkeiten, hohe Feinfühligkeit und Mitgefühl, hohe Belastbarkeit und besondere Fähigkeiten, Menschen miteinander zu verbinden (Barnowski-Geiser, 2009, 2015).

Wie viele und wie tiefe Spuren Kindheitserfahrungen hinterlassen, ist unterschiedlich: Manche Menschen überstehen schwerste Belastungen ganz unbeschadet, bei manchen hat es zumindest nach außen einen Anschein der Unversehrtheit (und nur versteckte Symptome erzählen), bei anderen hat sich eine Krankheit den Weg gebahnt, Betroffene fühlen sich noch als Erwachsene gequält. Oft ist Menschen mit belastenden Kindheitserfahrungen einfach der Zugang zu den Stärken, ein Bewusstsein, verloren gegangen: Wer in der Kindheit eine Mutter trägt, die sich dessen aber wenig bewusst ist, wird dafür kaum Anerkennung erhalten. Dieser Teil geht in der Folge verloren.

Als man in Forschungen die Tatsache feststellte, dass ⅓ aller Alkoholiker selbst einen trinkenden Elternteil hatte, war dies einer der Auslöser, sich mit der Weitergabe von elterlichen Erkrankungen an die nächste Generation zu beschäftigen. Wichtig wurde dabei auch die

Frage, was Menschen verletzlich macht (Vulnerabilität), selbst zu erkranken, und was sie andererseits an Widerstandskräften besitzen (Resilienzen). Herauszufinden, wie Menschen unter großen Belastungen gesund bleiben, ist eines dieser Anliegen, die man in der sogenannten salutogenetischen Sichtweise von Antonovsky (1997), die sich mehr mit dem Gesundbleiben als mit der Krankheit selbst beschäftigt, verfolgt.

Resilienz

Unter Resilienz versteht man Widerstandsfähigkeit gegenüber »biologischen, psychologischen und psychosozialen Entwicklungsrisiken« (Wustmann, 2005, S. 192). Resilienz, aus dem Englischen »resilience« übersetzt, bedeutet: »Strapazierfähigkeit« (Wustmann, 2005, S. 192 f.), im Lateinischen meint resiliere »abprallen« oder »zurückspringen« (Krause, 2012, S. 19 f.). Kompetenzen, die während der Entwicklung im Kontext der Kind-Umwelt-Interaktion erworben werden und das Kind in seiner Entwicklung schützen, werden als Resilienz bezeichnet. Resilienzen sind somit keine Persönlichkeitsmerkmale, sondern »Widerstandskräfte, die aufgrund submaximaler, bewältigbarer Belastungssituationen ... in der Lebensspanne ausgebildet werden konnten« (Petzold & Müller, 2012, S. 6). Zur Resilienz gehören somit sowohl die Bedrohung der kindlichen Entwicklung als auch ihre erfolgreiche Bewältigung. Durch Resilienzen erhalten Sie eine Art »psychische Immunität«, die Sie für weitere schwierige Lebensereignisse mit Bewältigungskompetenzen ausstatten (Petzold & Müller, 2012). Wenn ein Kind diese Kompetenz erworben hat, bedeutet das jedoch nicht, dass es immun gegenüber jeglichen negativen Lebensereignissen ist (Wustmann, 2005).

Manche Kinder besitzen sogar die Fähigkeit, aus negativen Erlebnissen und Belastungen gestärkt hervorzugehen (Krause, 2012). Als Resilienz angesehen wird (Petzold & Müller, 2012):

- eine gewisse Unempfindlichkeit gegenüber belastenden Situationen zu besitzen und entwickeln

- sich nach Belastung ausreichend zu erholen
- Situationskontrolle und Kompetenz unter Stress aufrechtzuerhalten
- sich der Belastungssituation so anzupassen, ohne dass psychische und psychosomatische Schädigungen feststellbar werden
- Belastungserfahrungen zu kommunizieren in Netzwerken oder bei Schutzpersonen.

Kinder können zu einer bestimmten Zeit ihres Lebens durchaus resilient sein, sich bei anderen Risikoeinflüssen, auch später im Erwachsenenalter, dennoch verletzlich zeigen. Ein komplexes Zusammenspiel zwischen Merkmalen des Kindes und seiner Lebensumwelt entscheidet über die gesunde Entwicklung. Besondere schützende und risikomildernde Faktoren innerhalb und außerhalb des Kindes sind für die Entwicklung dieser Widerstandsfähigkeit nötig (Wustmann, 2005). Besonders Personen außerhalb der Familie, die eine vertrauensvolle und tragfähige Beziehung anbieten, sind ein maßgeblicher Schutzfaktor.

Kreative Selbsterfahrung: Meine Stärken – mein Schutz

Nehmen Sie sich einen Augenblick Zeit: Überlegen Sie, was Sie in Ihrer Kindheit gerettet hat. Auf welche Ihrer Stärken und Fähigkeiten konnten Sie immer vertrauen, auch wenn es um Sie herum tobte? Welche besonderen Stärken zeichnen Sie aus? Was würde ein guter Freund oder eine gute Freundin dazu sagen?

Auf anhaltende Schwierigkeiten reagieren Kinder mit Anpassung: Sie finden ein Verhalten, das auffängt. Haben Sie durch das Schwierigsein Ihrer Mutter besondere Stärken entwickelt? Auch wenn Ihnen diese Frage ungewöhnlich erscheint, versuchen Sie sie nach etwas Nachdenken zu beantworten ... Benennen Sie diese Stärken!

Viele Menschen überstehen belastende Erfahrungen: Sie haben Widerstandskräfte (Resilienzen), die dem Belastenden etwas entgegensetzen können.

7. Das verletzte innere Kind und seine Bewältigungsstrategien

Jeder von uns macht Erfahrungen, die herausfordernd sind. Für diese schwierigen Situationen, die durch Menschen, die schwierig sind, ausgelöst werden können, müssen Bewältigungsstrategien gefunden werden. Solange bestimmte Belastungsgrenzen nicht überschritten werden, sind sie meist gut zu bewältigen. Dann gibt es jedoch Verletzungen, die so groß und tief sind, dass Menschen in der Folge Strukturen aufbauen, die das Auftreten und Inberührungkommen mit diesen alten Wunden kompensieren sollen – mit dem Ziel, Entwicklung nicht zum Stillstand kommen zu lassen. Dazu gehören Erfahrungen von Ablehnung, von Verlassenwerden oder Nicht-wahrgenommen-Werden, besonders in der frühen Zeit unseres Lebens. Auch wenn diese Erfahrung nur atmosphärisch und nicht bewusst wahrgenommen wird, »... kann [sie] sich wie eine schwarze Wolke in uns körperlich und seelisch festsetzen« (Peichl, 2015, S. 39). Das Erlebte wird nach innen genommen, *interiorisiert*, wie es die Psychoanalytiker nennen. In der Regel nehmen Menschen demzufolge beide Seiten der Interaktion in sich auf: den abweisenden, kalten Erwachsenenteil und den hilflosen kindlichen Selbstanteil (Peichl, 2015). In der Psychoanalyse geht man, im Kontext des Begriffs *Mutterintrojekt*, davon aus, dass im unguten Fall keine Verinnerlichung einer guten verlässlichen Mutter stattfinden konnte. Stattdessen nehmen diese Kinder den abweisenden, überfordernden, entwertenden Elternteil in ihr Inneres auf und »tragen ihn als einen ewig unzufriedenen Entwerter durchs Leben« (Peichl, 2015, S. 39).

Diese frühen Verletzungen können eine narzisstische Wunde erzeugen, die in einer »Du-sollst-nicht-existieren«-Wunde münden kann. Um mit dieser Wunde nicht in Berührung zu kommen, entwickeln Menschen dann Strategien: Sie versuchen etwa, in ihrem Leben sehr viel Macht zu bekommen, um ihre Ohnmacht zu bezwingen, sie essen und trinken, um sich zu belohnen, sie erwerben Statussymbole, um etwas zu gelten, oder entwickeln Gier. All diese Strategien, die zunächst hilfreich scheinen, können irgendwann schädigend werden: Menschen brauchen dann diese Strategie im Übermaß und werden etwa süchtig und krank. Manchmal werden im Laufe des Lebens auch Strategien gewechselt (aus Arbeitssucht wird beispielsweise Ess-Sucht) – allesamt erfolglose Versuche, wenn der Motor der Strategien nicht erhört wird: das verzweifelte innere Kind.

Um mit schwierigen Müttern umzugehen, braucht es also besondere Fähigkeiten, besondere Strategien. Wie betroffene Kinder das Schwierigsein verarbeiten, also wie sie in die Welt gehen, wie sie auf andere zugehen werden, ist individuell: Geprägt durch ihre jeweilige Einzigartigkeit, durch ihren jeweiligen Charakter und ihr Temperament, von ihrer individuellen Lebensbewältigungsstrategie, aber auch von ihren innerhalb und außerhalb der Familie gesammelten Erfahrungen sowie von weiteren bedeutsamen Lebensereignissen und Menschen. Manchmal ist der Rucksack von Beginn an so groß und schwer, dass betroffene Kinder sogar vergessen müssen, dass sie ihn überhaupt tragen: Weil sie, wenn ihnen die Größe und Schwere dieses Rucksacks bewusst wäre, unter ihm zusammenbrechen würden.

Erwachsene Kinder schwieriger Mütter beschreiten unterschiedliche Wege, um diese Schwierigkeiten zu meistern. Sie suchen meist, wenn auch in Abwandlungen, existentielle Bewältigungsstrategien: Sie flüchten, sie kämpfen oder sie erstarren. Brazelton wies bereits bei Säuglingen im Alter von vier Wochen die beschriebenen Strategien zur Bewältigung (Copingstrategien) nach (Dornes, 2001). So sind einige erwachsene Kinder schwieriger Mütter lebenslang in Dauerkonflikte verstrickt (sie kämpfen), andere wirken wie unlebendige Salzsäulen (sie erstarren), vor allem sobald sie ihr Elternhaus betreten. Andere suchen die Flucht nach vorn (sie flüchten): Sie leben in der Zukunft, sie träumen, nicht nur ein bisschen und manchmal, sondern eigentlich immer und überall. Das Wegträumen hat sie als Kind gerettet, Schlimmem zu entfliehen. Diesem Mechanismus können sie nun auch im Heute schwer entkommen (manche haben bereits die Diagnose ADS/Aufmerksamkeitsdefizitstörung ohne Hyperaktivität erhalten):

Sie träumen weiter ... von einer besten Freundin oder Chefin, die all das gibt, was die Mutter nicht anbot. Sie träumen von einer Zeit, in der sie endlich glücklich sein werden, weil sie zum Beispiel materiell unabhängig sein werden und endlich das tun werden, was ihnen wirklich entspricht. Morgen, irgendwann in ferner Zukunft wird alles besser sein. Und so warten sie und warten, während das Leben an ihnen vorbeizieht. Nur eine leise Stimme, tief im Inneren, flüstert etwas von einem ungelebten Leben.

Aus diesen seelenrettenden Bewältigungsstrategien entstehen tragischerweise oft Verhaltensweisen, die das Kind (auch als Erwachsener) ebenfalls »schwierig« erscheinen lassen: Macht es Sinn, sich im häuslichen Umfeld aus Schrecklichem beispielsweise wegzuträumen, so erscheint dieses Verhalten in der Schule etwa wenig hilfreich. Es hat sich aber so manifestiert, dass das betroffene Kind es schwer abstellen kann: Die Bewältigung wird hier womöglich zur Verhaltensauffälligkeit, die den häuslichen Umständen jedoch nicht zugeschrieben wird.

Teil II
Das Jetzt-besser-leben-Programm für erwachsene Kinder schwieriger Mütter

Patienten tragen ihren eigenen Arzt in sich. Sie kommen zu uns und wissen nichts von dieser Wahrheit. Das Beste, was wir tun können, ist, dem inneren Heiler unserer Patienten die Chance zu geben, seine Arbeit zu tun.

(Albert Schweitzer)

1. Jetzt besser leben – neue Wege gehen

Wenn es mit Ihrer Mutter von Kindesbeinen an schwierig ist (oder auch war), dann haben Sie wahrscheinlich schon eine Menge ausprobiert, um Ihr Leben zu verbessern: Sie haben versucht, sich zu ändern, Ihre Mutter zu ändern oder auch ihre aktuellen Beziehungen. Vielleicht ohne Erfolg. Sie können Ihre Kindheit nicht ungeschehen und aus einer als schwierig erlebten Mutter keine andere machen: Und doch kann es ein Durchbruch sein, wenn Kindheitsverletzung erkannt und bearbeitet werden kann. In unserer praktischen und theoretischen Arbeit sowie unseren Auseinandersetzungen mit aktuellen Forschungen zeigten sich sieben Hilfefaktoren (AWOKADO-Konzept) und drei zentrale Ansätze als hilfreich, die wir Ihnen im anschließenden Programm kompakt vermitteln möchten:

- *Team Körper-Seele-Geist aktivieren*
  Körper, Seele und Geist müssen darin unterstützt werden, wieder gut zusammenzuarbeiten. Nur anders denken hilft genauso wenig gut und langfristig wie »nur noch fühlen, Kopf ausschalten« (in

manchen esoterischen Schulen verbreitet). Oftmals sind Gesprächstherapien für Menschen mit Kindheitsbelastungen dann wenig hilfreich, wenn die Körper- und Gefühlsebene ausgeklammert, diese nur als Teil eines Denkprozesses angesehen werden.

- *Alte und neue Erfahrungen verknüpfen: Heimat finden*
  Alte Erfahrungen müssen durch neue gute ersetzt werden und so neue Bahnungen im Gehirn möglich machen. Dazu gehören sowohl neue Körpererfahrungen, neue Erfolgserlebnisse und Bewertungen als auch die Erfahrung von Sicherheit und Macht statt Ohnmacht sowie die Zusammenarbeit kindlicher und erwachsener Anteile. Das Alte muss sich so gut mit dem Neuen verknüpfen, damit Sie gerne in sich wohnen und sich nicht mehr in sich fremd fühlen.
- *Neu und anders schwingen: Resonanzerfahrungen ermöglichen*
  Gesehen und gehört werden, sich »erkannt« fühlen, gespiegelt werden durch andere Menschen, aber auch durch neuartige Erfahrungen mit kreativen Medien, wie etwa dem Resonanzspender Musik, ermöglichen, tatsächlich anders zu schwingen, sich lebendiger und besser zu fühlen.

Unsere Methoden sind erprobt: Der Weg ist die alltägliche Übung; das Üben müssen und können nur Sie selbst für sich tun. Und zwar regelmäßig. Eine kleine Argumentationshilfe: Stellen Sie sich vor, wie viele Jahrzehnte sich die Hirnspuren, die Sie ändern möchten, zu breiten Autobahnen ausgebildet haben: Nun müssen Sie die neuen Spuren täglich und nachhaltig (sprich lange Zeit) gehen / üben, damit diese auch breite Spuren werden können.

Vielfach ist, wenn es um Beziehungsprobleme mit den Eltern geht, davon die Rede, was man in der Beziehungsgestaltung anders machen müsse: Als gängiges Mittel wird dann etwa empfohlen, die Kommunikationsstruktur zu ändern (»Senden Sie Ich-Botschaften«). Sicher ist das eine Möglichkeit, Ihre Gefühle auszudrücken statt Vorwürfe zu machen usw.: Wenn Menschen wirklich schwierig sind, dann haben diese es genau in ihrem Repertoire, solche Strategien zu unterlaufen, sie auszuhebeln und ad absurdum zu führen. Mit dem Appell an menschliche ethische Grundprinzipien sowie mit klassischen Kommunikationsstrategien ist diesen Menschen wenig beizukommen. Wenn etwa die Aussage »Es verletzt mich, Mutter, wenn du meine Verletzung übergehst!« wiederholt durch Weinkrämpfe, Türen schlagen oder andere erpresserische Handlungen erwidert wird oder durch wilde Gegenvorwürfe unterbrochen, dann wissen Sie spätestens, dass Sie so hier nicht erfolgreich sein können. Unsere Klienten erzählen im Gegenteil, dass sie sich nach solchen Versuchen noch schlechter fühlten, da sie sich und ihr Verhalten noch mehr infrage stellten. Wenn Menschen sehr schwierig sind, dann haben sie das meist bemerkt: an den Reaktionen ihrer Umgebung, an Ablehnung, vielleicht auch schon in ihrer Kindheit. Dann wird dieses Schwierigsein meist verleugnet und getarnt (es wird beispielsweise aus dieser Not heraus erzählt, wieviel Freunde man doch hätte und wie viele Menschen so gern mit der Mutter Kontakt hätten): Diese Menschen besitzen oft die Fähigkeit, jede Kritik und jede vorsichtige Infragestellung augenblicklich in ein Problem desjenigen zu verwandeln, der die Kritik an ihnen äußert. Wenn ihre Mutter schwierig war, dann sind gängige Kommunikationsmuster es vermutlich auch. Eine gemeinsame Wahrnehmung, einen gemeinsamen verständnisvollen Blick auf ihre Kindheit und die Geschehnisse damals und heute zu finden, ist dann vermutlich ein vergebliches Unterfangen.

Was können Sie tun? Sie können, wie wir schon im ersten Teil beschrieben haben, Ihren eigenen Tanz verändern; wir müssen manchmal die Tanzfläche wechseln, wenn wir uns retten wollen, neues Publikum und neue Tänzer suchen, und manchmal braucht es lange Tanzpausen, um überhaupt aus einem Abstand heraus bemerken zu können, was in der Begegnung mit der Mutter regelmäßig passiert. Wenn die Mutter von Kindesbeinen an Ihren inneren Raum des Wollens und Fühlens besetzt, weil sie ihn, vielleicht unbewusst und unbemerkt, in Beschlag genommen hat, dann ist es in der verschleißenden Nähe des Zuhauses schwer, sich diesem Sog des Selbstverlustes zu entziehen. Das vorliegende Programm ist nicht ein einzelner Schritt, Trick oder Schachzug: Nein, es beinhaltet eine komplexe Arbeit an Ihrer Persönlichkeit. Auf diesem Boden erst können nach unseren Erfahrungen eine neue Haltung, eine neue Lebensqualität und schließlich auch ein anderer Tanz mit Ihrer Mutter entstehen.

Vielleicht versuchen Sie schon lange, die Folgen Ihrer Kindheit zu mildern? Vielleicht haben Sie bislang ziemlich viel Energie aufgewendet, Ihre Mutter zu ändern? Vielleicht waren Sie bislang erfolglos? Das vorliegende Programm zur Selbsthilfe kann Sie unterstützen:

- wenn die Belastung schon lange hinter Ihnen liegt, Sie im Jetzt Ihre Lebensqualität beeinträchtigt sehen
- wenn die Belastung akut ist (wenn Sie beispielsweise mit Ihrer Mutter noch oder wieder zusammenleben)
- wenn Sie sich quälen mit dem Maß an Kontakt, das zwischen Ihnen und Ihrer Mutter stimmig ist
- wenn sich das kindliche Drama in einer aktuellen Beziehung wiederholt
- wenn Ihre Kinder äußern, unter Ihnen zu leiden, und Sie befürchten, selbst Ungutes an sie weiterzugeben.

Wir glauben nicht daran, dass alles machbar ist, auch nicht, dass schwere Kindheitsbelastungen durch ein Programm weggezaubert werden: Aber wir glauben, dass es möglich ist, Lebensqualität zu verbessern – das zeigt sich in unserer Arbeit immer wieder. Wer über viele Jahre hoffnungslose Situationen erlebt hat, tut sich schwer, an sich selbst und die Veränderung zu glauben: Dazu möchten wir Sie ermutigen.

Veränderung will geübt sein. Sie passiert oft unmerklich, da wir ja beständig und überall lernen: Aber wenn wir über Jahrzehnte breit eingefahrene Hirnspuren verlassen wollen (etwa die Hirnautobahn der Selbstabwertung), dann müssen wir kleine neue Wege gehen. Und dies nicht nur einmal, sondern wiederholt. Möglichst täglich müssen wir üben, und zwar mit Begeisterung und Optimismus. Ihr Optimismus und Ihre Begeisterung für Ihr Projekt »Ich« kommen einem Placebo gleich. Fahren Sie von Beginn an auf der alten Autobahn, dass solche Programme ohnehin nichts bringen, programmieren Sie Ihre Erfolglosigkeit.

Ob Sie das Programm der sieben Schritte in einem Retreat innerhalb einer selbst gewählten Rückzugszeit absolvieren, in sieben aufeinanderfolgenden Wochen oder in größeren Einheiten, ist Ihnen überlassen. Dies sollten Sie abhängig machen vom Maß der Belastung, von der Aktualität (sind Sie auch augenblicklich massiven Dingen ausgesetzt, sprich wie belastbar sind Sie) und Ihrem augenblicklichen Befinden. Wichtig sind Sie und Ihr Gespür für sich selbst: Wenn Ihnen etwas nicht geheuer vorkommt, dann prüfen Sie, ob diese kreative Selbsterfahrung für Sie stimmt oder was ihr entgegensteht. Im Zweifelsfall sollten Sie, wenn Sie in therapeutischer Behandlung sind, die kreativen Selbsterfahrungen mit Ihrem Therapeuten oder dem Arzt Ihres Vertrauens abstimmen.

Wenn Sie sehr schmerzhafte oder/und traumatische Kindheitserlebnisse verarbeiten mussten, wenn es besondere Schwierigkeiten gab zwischen Ihrer Mutter und Ihnen, so kann es ratsam sein, das Programm mit Ihrem Therapeuten abzustimmen. In jedem Fall sollten Sie achtsam sein, wie viel an Stoff Ihnen jeweils guttut. Wenn Übungen Sie zu sehr aufwühlen, so überspringen Sie diese oder arbeiten sie zu einem späteren Zeitpunkt nach.

2. Das AWOKADO-7-Schritte-Programm zur sanften Entlastung

Das vorliegende Selbsthilfe-Programm wurde speziell für erwachsene Kinder belasteter Eltern zusammengestellt. Grundlage des folgenden kreativen Selbsthilfeteils bildet das theoretisch und praktisch erprobte AWOKADO-Konzept.

Im Rahmen eines wissenschaftlichen Forschungsprojektes zur Kindheitsbelastung in Suchtfamilien wurden über zehn Jahre lang Befragungen, Interviews und Auswertungen von Sitzungsprotokollen durchgeführt. Die Fragestellung lautete: Was hilft »Suchtkindern«, ihr Leben zum Positiven zu verändern? Die Ergebnisse der Studie und Befragungen mündeten im AWOKADO-Konzept.

Und das beschrieben Menschen aus belasteten Familien als hilfreich (Barnowski-Geiser, 2009):

Achtsamkeit
Vom Kreisen um die Angehörigen zur Selbstachtsamkeit im »Jetzt«
Würdigung der Belastung und Würdigung der Stärken
Hinwendung zu den eigenen Wunden und zu gewachsenen Stärken
Orientierung
Stärken von Bewertungs- und Entscheidungsfähigkeit, Sinngebung
Klarheit
Eigenen Standpunkt finden, »begreifen« – eigene Gefühle kennenlernen
An-Klang
Neue Resonanz- und Beziehungserfahrungen: Mit anderen, mit sich selbst sowie mit Musik und kreativen Medien (hinwenden zu kindlichen Anteilen)
Deckung und De-Parenting
Das Erleben von Sicherheit und sicheren Zonen (Schutzräume), von ungelebten kindlichen Anteilen
Offenheit und Öffnung
Inneren Raum öffnen, sich verbinden in Netzwerken

Die Namensverwandtschaft mit der Frucht Avocado schien sinnfällig: Gilt die Avocado doch als äußerst heilsame und wirksame Frucht, die dosiert und maßvoll einzusetzen ist. Ziel ist eine nachhaltige Verbesserung der Art und Weise, »in der Welt zu sein«. *Das AWOKADO-7-Schritte-Programm* konnte auch erfolgreich angewendet werden bei erwachsenen Kindern chronisch und existentiell erkrankter Eltern (z. B.

bei elterlicher Krebserkrankung), bei Erwachsenen von psychisch erkrankten Eltern (auch traumatisierten Eltern) sowie bei Kindern von (emotional) missbrauchenden Eltern.

Auf der Basis des AWOKADO-Konzeptes entstanden das *AWOKADO-7-Schritte-Programm* zur aktiven Selbsthilfe, das *AWOKADO-Stärkungsritual* sowie das schulische Präventionsprojekt *BEL-Kids*, das als modularisierte Fortbildung an Pädagogen, Therapeuten und Studierenden zur Verfügung steht und weitergegeben wurde. Das Konzept wurde in Theorie und Praxis, in Ausbildung und Lehre erprobt. Das vorliegende Programm wurde speziell, basierend auf dem AWOKADO-Konzept, für die Zielgruppe erwachsener Kinder schwieriger Mütter entwickelt.

Baustein 1: Ihrer Mutter ist nicht zu helfen? Aber Sie können etwas für sich tun!

Hilfefaktor: Würdigung von Belastung und Stärke

Vielleicht haben Sie bis zum heutigen Tag viel von Ihrer Energie dafür aufgewendet, Ihr »schwieriges Elternteil« glücklich zu machen. Sollten Sie allmählich den Eindruck gewinnen, dass Sie letztlich nichts bewirken, so kann es an der Zeit sein, einen Richtungswechsel vorzunehmen: Setzen Sie Ihre Energie ab jetzt für Ihre eigene Gesundung und für Ihr Glück ein! Ihre Chancen auf Erfolg stehen dabei vermutlich günstiger. Und das heißt nicht, dass Sie nun alle sozialen Aktivitäten fallen lassen müssen. Es geht um einen ersten Richtungswechsel.

Halten wir fest: Sie können Ihre Eltern nicht ändern, Ihre Kindheit auch nicht, aber Sie können durch Ihre Lebens- und Denkweise auf Ihre Lebensqualität heute aktiv Einfluss nehmen. Darin soll der nachfolgende Teil auf der Basis des in Theorie und Praxis erprobten AWOKADO-Konzeptes unterstützen: Beziehen Sie die Probleme Ihrer Mutter nicht mehr auf sich!

Selbsttest: Mütterliche Stimme

Im nachfolgenden Test können Sie etwas über die mütterliche Stimme erfahren, die Sie möglicherweise verinnerlicht haben und die in Ihrem derzeitigen Leben eine besondere Rolle spielt. Wenn Sie nicht gerne Tests bearbeiten, so können Sie die nächsten Seiten überspringen und die Beschreibungen der einzelnen mütterlichen Stimmen nur lesen. Vielleicht gefällt es Ihnen herauszufinden, welche mütterliche Stimme Sie möglicherweise verinnerlicht haben.

Hinweise zur Bearbeitung des Fragebogens

Auf den nächsten Seiten finden Sie insgesamt 63 Aussagen, die sich auf persönliche Verhaltensweisen, Einstellungen und Gewohnheiten beziehen. Zur Beurteilung der einzelnen Aussagen steht Ihnen eine sechsfach abgestufte Skala zur Verfügung.

Trifft überhaupt nicht zu	Trifft nicht zu	Trifft eher nicht zu	Trifft eher zu	Trifft zu	Trifft vollkommen zu
1	2	3	4	5	6

Haben Sie den Eindruck, dass eine Aussage voll und ganz auf Sie zutrifft, dann tragen Sie bitte – wie im folgenden Beispiel – die Punktzahl 6 aus dem äußersten rechten Feld ein. Sind Sie der Ansicht, dass eine Aussage überhaupt nicht auf Sie zutrifft, tragen Sie bitte die Ziffer 1 in das entsprechende Kästchen ein. Wenn Sie der Auffassung sind, dass eine Aussage weder vollkommen noch gar nicht auf Sie zutrifft, können Sie sich für einen Skalenpunkt (2 bis 5) zwischen den Extremen entscheiden.

Überlegen Sie bei jeder Aussage, inwieweit diese auf Sie zutrifft. Es ist bedeutsam, dass Sie keine Aussage überspringen. Denken Sie nicht darüber nach, welche Beantwortung möglicherweise auf den ersten Blick einen bestimmten Eindruck vermittelt, sondern stufen Sie die Aussagen so ein, wie es für Sie persönlich am ehesten zutrifft. Antworten Sie spontan und denken Sie nicht zu lange nach. Es gibt keine »richtigen« oder »falschen« Antworten. Nur eine Beurteilung der Aussagen, die so wahrhaftig wie möglich erfolgt, kann sicherstellen, dass Ihre Ergebnisse logisch und stimmig sind.

Bei der Bearbeitung der Aussagen werden Sie möglicherweise den Eindruck gewinnen, dass einige Formulierungen inhaltlich ähnlich sind. Bitte lassen Sie sich dadurch nicht irritieren und antworten Sie, wie oben beschrieben. Wenn Situationen beschrieben werden, die Sie noch nicht persönlich erlebt haben, dann schätzen Sie bitte ein, wie Sie sich wahrscheinlich verhalten würden.

Beurteilen Sie die folgenden Aussagen, indem Sie in das Kästchen die entsprechende Ziffer eintragen.

1. Ich möchte anderen nicht zur Last fallen. ☐
2. Ich nehme mir Dinge zu schnell zu Herzen. ☐
3. Ich entschuldige mich, wenn andere Menschen sagen, ich habe einen Fehler begangen. ☐
4. Ich bin ein ängstlicher Mensch. ☐
5. Ich bin auf andere Menschen angewiesen. ☐
6. Wenn ich etwas tue, möchte ich es perfekt erledigen. ☐
7. Wenn ich nicht da wäre, wäre es für die Menschen in meiner Umgebung leichter. ☐
8. Ich handle nie, ohne nachzudenken. ☐
9. Ich bin für mein Glück selbst verantwortlich. ☐
10. Für das Wohl anderer stelle ich meine Interessen zurück. ☐
11. Beziehungsabbrüche machen mir Angst. ☐
12. Ich kritisiere andere nur ungern. ☐
13. Niemand darf merken, wie schwach ich wirklich bin. ☐
14. Mich zu entspannen, fällt mir schwer. ☐

15. Auch kleine Fehler kann ich mir nicht verzeihen. ☐
16. Ich bitte andere ungern um Hilfe. ☐
17. Ich kann nicht »Nein« sagen. ☐
18. Ich bleibe hinter meinen eigenen Ansprüchen zurück. ☐
19. Ich mache mir Gedanken darüber, was ich falsch gemacht habe. ☐
20. Wenn jemand mich ungerecht behandelt, spreche ich nicht darüber. ☐
21. Situationen erscheinen mir meist schlimmer, als sie tatsächlich sind. ☐
22. Mir ist es wichtig, zu den Besten zu gehören. ☐
23. Auch wenn ich eigentlich keine Zeit habe, helfe ich. ☐
24. Ich habe keine Bedeutung für andere Menschen. ☐
25. Was in der Familie passiert, bleibt in der Familie. ☐
26. Für Menschen, die mir wichtig sind, würde ich alles tun. ☐
27. Wenn ich über etwas nachdenke, befürchte ich das Schlimmste. ☐
28. Meine Unabhängigkeit ist mir wichtig. ☐
29. Ich mache mir Vorwürfe, dass ich etwas hätte tun sollen, aber nicht getan habe. ☐
30. Wenn ich jemanden kritisiere, fürchte ich abgelehnt zu werden. ☐
31. Ich denke mehr darüber nach, wie es anderen geht, als wie es mir geht. ☐
32. Ich fühle mich anderen Menschen ausgeliefert. ☐
33. Ich bin ein nervöser Mensch. ☐
34. Ich versuche, möglichst pflegeleicht zu sein. ☐
35. Wenn ich das Gefühl habe, andere sind wütend auf mich, weil ich etwas nicht für sie tue, halte ich das nicht aus. ☐

36. Wer sich auf andere verlässt, ist verlassen. ☐
37. Ohne jemanden an meiner Seite fühle ich mich nicht vollständig. ☐
38. Ein Indianer kennt keinen Schmerz. ☐
39. Wenn es Streit gibt, suche ich die Schuld bei mir. ☐
40. Ich bin zu sensibel. ☐
41. Geht etwas schief, habe ich vermutlich etwas falsch gemacht. ☐
42. Auch wenn ich nicht mehr kann, beende ich eine Aufgabe nicht, weil sie noch nicht zu meiner Zufriedenheit erledigt ist. ☐
43. Ich gehe ungern Risiken ein. ☐
44. Ich kann allein leben. ☐
45. Ein schlechtes Gewissen kenne ich gut. ☐
46. Wenn ich genug Anstrengung investiere, kann ich eine (fast) perfekte Leistung zeigen. ☐
47. Ich habe Angst vorm Alleinsein. ☐
48. Wenn ich mich über jemanden ärgere, sage ich es nicht. ☐
49. Ich bin nicht auf andere Menschen angewiesen. ☐
50. Ich bin ein wehleidiger Mensch. ☐
51. Ich bemühe mich, dass es anderen Menschen um mich herum gut geht. ☐
52. Es ist wichtig im Leben, auf eigenen Beinen zu stehen. ☐
53. Auch wenn der andere im Unrecht ist, gebe ich nach, um ihn nicht zu verlieren. ☐
54. Mit durchschnittlichen Leistungen bin ich unzufrieden. ☐
55. Ich fühle mich für das Glück der anderen verantwortlich. ☐
56. Ich habe das Gefühl, ich bin anderen lästig. ☐

57. Ich kann meine Sorgen nicht kontrollieren. ☐

58. Meine familiären Probleme trage ich nicht nach außen. ☐

59. Bei Konflikten nehme ich die Schuld auf mich. ☐

60. Mir ist egal, was andere über mich denken. ☐

61. Ich mache mir zu viele Sorgen. ☐

62. Ich lästere nicht über andere Menschen. ☐

63. Ich verhalte mich möglichst unauffällig. ☐

Auswertung

Nun tragen Sie in die entsprechenden Felder der Spalte »Einzelne Punkte« die Punktanzahl ein, die Sie bei der jeweiligen Aussage eingetragen haben. Diese rechnen Sie zusammen und tragen sie in das entsprechende Feld der Spalte »Summe« ein.

Beispiel:

Sie haben bei der Aussage Nummer 6 eine Punktzahl von 5 eingetragen, bei Nummer 15 eine Punktzahl von 4 usw. Diese übertragen Sie nun in die entsprechenden Felder der Spalte »Einzelne Punkte«.

Also etwa:

Aussage 6 ... 5 Punkte
Aussage 15 ... 4 Punkte
Aussage 18 ... 6 Punkte
Aussage 22 ... 4 Punkte
Aussage 42 ... 5 Punkte
Aussage 46 ... 3 Punkte
Aussage 54 ... 6 Punkte

So ergäbe sich für die Stimme »Die Perfektionistische« eine Gesamtpunktzahl von 33. Somit wäre diese Stimme in Ihrem Leben derzeit besonders präsent.

Aussage Nr.	Einzelne Punkte	Summe	
4.			Die Ängstliche
8.			
14.			
27.			
32.			
43.			
57.			
2.			Die Empfindliche
13.			
21.			
38.			
40.			
50.			
61.			
6.			Die Perfektionistische
15.			
18.			
22.			
42.			
46.			
54.			
26.			Die Unabhängige
28.			
36.			
44.			
49.			
52.			
60.			

1.			
6.			
16.			
24.			Die Richterin
34.			
56.			
63.			
3.			
19.			
29.			
39.			Die Selbstzerstörerische
41.			
45.			
59.			
5.			
11.			
25.			
32.			Die Abhängige
37.			
47.			
53.			
9.			
12.			
20.			
30.			Die Loyale
48.			
58.			
62.			

10.			
17.			
23.			
31.			Die Glücksbringerin
35.			
51.			
55.			

Einschätzung zur Punktzahl der jeweiligen mütterlichen Stimmen

33 – 42 Punkte

Diese Stimme scheint in Ihrem Leben gegenwärtig eine große Bedeutung zu besitzen.

23 – 32 Punkte

Diese Stimme scheint in Ihrem Leben derzeit eine Bedeutung zu besitzen.

13 –22 Punkte

Diese Stimmt scheint nur mitunter gegenwärtig eine Bedeutung in Ihrem Leben zu besitzen.

< 13 Punkte

Diese Stimme besitzt in Ihrem Leben derzeit kaum eine Bedeutung.

Hinweise zu den Ergebnissen

Die Ergebnisse des Tests sind kein Urteil über Sie oder Ihre Mutter: Sie selbst besitzen die beste Fähigkeit, Ihre verinnerlichte mütterliche Stimme einzuschätzen. Ein solcher Test unterliegt zudem stets der Gefahr einer Vereinfachung und Verkürzung von Sachverhalten. Gleichzeitig bietet er die Möglichkeit, interessante Hinweise zu der Beziehung zwischen Ihnen und Ihrer Mutter zu erhalten und mögliche Veränderungspotentiale zu entdecken.

Auch eine Überprüfung der Testergebnisse durch andere, eine sogenannte Fremdeinschätzung, kann sinnvoll und hilfreich sein. Teilen Sie Ihre Gedanken und Gefühle einem guten Freund oder einer guten Freundin mit und bitten Sie um Rückmeldung.

Weisen die Testergebnisse auf keine deutliche Ausprägung einer der mütterlichen Stimmen hin, kann dies unterschiedliche Gründe haben – möglicherweise ist die mütterliche Stimme, die in Ihnen zurzeit laut ist, nicht erfasst. Oder Sie haben bereits einen konstruktiven Umgang mit den Botschaften, die Sie bei Ihrer Mutter wahrnehmen, gefunden.

Vielleicht möchten Sie sich dennoch lesend mit den verschiedenen mütterlichen Stimmen auseinandersetzen, und es werden Erinnerungen an Zeiten wach, in denen Sie eine oder mehrere der Stimmen für sich wahrgenommen haben.

Hat sich eine der mütterlichen Stimmen als aktuell für Sie besonders bedeutsam herausgestellt, kann es spannend sein, sich einmal zu überlegen, welche andere (mütterliche) Stimme dieser entgegentreten könnte. Welche Botschaft würde diese Stimme senden und was würde das in Ihrem Leben verändern? Gehen Sie Ihren inneren Bildern nach – bereits das sind erste Schritte zu einer möglichen Veränderung.

Mütterliche Stimmen

Mütter senden, ob gewollt oder ungewollt, Botschaften an ihre Kinder. Diese Botschaften müssen nicht explizit von der Mutter ausgesprochen werden, sondern können auch unausgesprochen Eingang in die kindlichen Seelen finden. Die Kinder spüren, dass die Erfüllung dieser Botschaft häufig das Ausmaß an Wertschätzung und Zuwendung, das Ihnen durch Ihre Mutter zuteil wird, bestimmt. Ohne die mütterliche Botschaft explizit zu kennen, versuchen sie, sich konform dieser Botschaft zu verhalten, um ihr Bedürfnis nach Liebe und Zuneigung zu erfüllen. Über viele Jahre hinweg wird diese Stimme unbemerkt und automatisiert zu einem Teil des kindlichen Seins.

Und so lassen sich auch unter erwachsenen Kindern schwieriger Mütter Botschaften finden, die sie von frühester Kindheit an verinnerlicht haben. Häufig folgen Kinder auch im Erwachsenenalter einer Stimme, ohne zu wissen, dass sie dies tun und woher sie möglicherweise kommt.

Botschaften, die uns in unserer praktischen Arbeit mit erwachsenen Kindern schwieriger Mütter begegnet sind, haben wir nachfolgend einmal näher beschrieben. Wir haben einerseits die Berichte erwachsener Kinder, andererseits konkret die wahrgenommenen mütterlichen Aufträge, Botschaften oder auch Stimmen gesammelt und kategorisiert. Daraus resultierten insgesamt neun mütterliche Stimmen mit gänzlich unterschiedlichen Botschaften.

Die Richterin

Ist die Stimme der Richterin aktuell bedeutsam in Ihrem Leben, dann begleitet Sie vermutlich stets die Botschaft »Sei schuldig«.

Vielleicht sind Sie eine Person, die bei Konflikten, wenn jemandem oder Ihnen etwas misslingt, die Schuld bei sich sucht. Vermutlich denken Sie häufig darüber nach, was Sie am Tag falsch gemacht oder unterlassen haben, wie Sie es möglicherweise hätten richtig machen können, und leiden vielfach unter einem schlechten Gewissen. Wenn es Menschen in Ihrer Umgebung schlecht geht, haben Sie vielleicht häufig das Gefühl, Sie müssten helfen, etwas tun, da Sie dafür, aus Ihrer Sicht, verantwortlich sind. Sie fühlen sich zuständig für die Gefühle der anderen und sind der festen Überzeugung, diese in einem hohen Maße beeinflussen zu können. Sie verurteilen sich selbst für die Gefühle der anderen und lassen möglicherweise Faktoren außer Acht, die einen starken Einfluss haben, die aber nicht in Ihrer Kontrolle liegen.

Auch für Konflikte übernehmen Sie meist die Verantwortung. Sie zweifeln stets an sich selbst. Hätten Sie nicht irgendetwas tun können, ja sogar tun müssen?

Sie sorgen sich möglicherweise häufig, etwas falsch zu machen, und haben das Gefühl, kaum etwas richtig machen zu können – egal, wie sehr Sie sich anstrengen. Doch eigentlich werden Sie sich und Ihren Bedürfnissen nicht gerecht. Sie fühlen sich oft minderwertig, hilflos und leiden unter Selbstzweifeln. Möglicherweise haben Sie auch den Eindruck, die Schuldzuweisungen sind willkürlich, eigentlich können Sie kaum etwas tun, um sie zu umgehen – Sie fühlen sich dem lähmenden Gefühl der Schuld hilflos ausgeliefert, ziehen sich in der Folge vielleicht sogar von anderen Menschen zurück, um das Gefühl der Schuld zu vermeiden. Doch es lauert überall.

Möglicherweise kennen Sie manchmal gar nicht den Ursprung Ihres quälenden Schuldgefühls, sondern fühlen sich einfach schuldig, ohne einen besonderen Anlass.

Menschen, bei denen die mütterliche Stimme der Richterin besonders präsent ist, erleben häufig starke Gefühle der Gereiztheit, Ärger, Hilflosigkeit und Resignation. Auch können Schuldgefühle ihren Ausdruck in körperlichen Beschwerden finden, z. B. Magenschmerzen, Atemnot oder Schlafstörungen.

Fortwährende Gefühle der Schuld haben häufig ihren Ursprung in der Kindheit: So kann es sein, dass ein Kind beispielsweise nicht gewollt war, die Geburt lebensbedrohliche Konsequenzen für die Mutter hatte, das Leben der Mutter einschränkte oder das Kind nicht dem Wunsch der Mutter entsprach, beispielsweise hinsichtlich seines Geschlechts oder seines Temperaments. Das Kind kommt mit einer Schuld auf die Welt und hat das Gefühl, diese abarbeiten zu müssen. Auch kann es sein, dass das Kind in der Folge einer schweren elterlichen psychischen oder körperlichen Erkrankung (z. B. Migräne oder Sucht), des Todes eines Familienmitgliedes oder der Trennung der Eltern die Idee entwickelt, schuldig zu sein. Kinder haben die Tendenz, bei der Suche nach Erklärungen zunächst die Schuld bei sich zu suchen. Manifestiert sich dies, kann dies zu lebenslangem Leiden führen. Kinder versuchen in der Folge häufig, durch Unterstützung oder eigene Unauffälligkeit ihre wahrgenommene Schuld zu mindern. Auch erlebter Missbrauch kann in einer Übernahme von Schuld münden. Schuldzuweisung als Erziehungsmethode, im Sinne einer emotionalen Erpressung, kann zudem in einem fortwährenden Schuldgefühl resultieren: Hierzu kann die Schuldzuweisung direkt ausgesprochen werden, beispielsweise wenn das Tun des Kindes mit dem Wertesystem der Eltern kollidiert, oder sie kann auch nur indirekt spürbar werden. Bei der Entwicklung des Gewissens kommt es in der Regel zu einer

Internalisierung der elterlichen Norm- und Wertvorstellung, das bei Verletzung, also Übertritt, aktiviert wird. Um sich die Liebe der Eltern zu sichern, versucht das Kind, sich regelkonform zu verhalten und so das schlechte Gewissen zu vermeiden. Sind die elterlichen Normen und Werte allerdings diffus, kann das Kind keine Handlungssicherheit erlangen und verliert die Kontrolle über sein Schuldgefühl. Häufig reicht aber auch schon ein leidvolles Stöhnen, ein gekränkter Blick oder der Abbruch der Kommunikation durch die Mutter. Das Kind ist unsicher, was es falsch gemacht hat, es erhält keine Aufklärung, keine Entlastung und kann in der Konsequenz keine Kontrolle über sein Schuldgefühl gewinnen.

Auftrag: Übernimm die Schuld!

Die Ängstliche

Ist die Stimme der Ängstlichen zurzeit besonders präsent in Ihrem Leben, dann ist die Botschaft »Sei vorsichtig« womöglich Ihr ständiger Begleiter.

Möglicherweise sind Sie ein Mensch, der sich stets sorgt, dass etwas Schlimmes passieren könnte. Sie begegnen der Welt draußen mit Misstrauen und Skepsis, sind ständig auf der Hut. Sie fühlen sich schnell unbehaglich und ängstlich und versuchen, Ihr Unbehagen und Ihre Ängste anderen gegenüber zu verbergen.

Der Umgang mit anderen Menschen verursacht bei Ihnen möglicherweise Stress: Sie neigen dazu, andere Menschen und deren Motive infrage zu stellen, scheuen vielleicht sogar den Kontakt zu anderen.

Wirkliche Entspannung gelingt Ihnen nur selten. Nervosität und Sorge, dass Ihnen etwas Schlimmes widerfahren könnte, begleiten Sie durch den Tag, hemmen Sie, Ihre Freiheit zu leben. Sie fühlen sich beklommen und sind stets wachsam – das kostet ein hohes Maß an Energie.

Manchmal haben Sie möglicherweise den Eindruck, Sie würden die Kontrolle über Ihre Gedanken verlieren. Sie haben Angst vor der Angst. Ihre Sorgen verselbständigen sich und bringen Sie zum Grübeln – in ewigen Gedankenschleifen malen Sie sich die nächstmögliche Katastrophe aus, obwohl Sie eigentlich wissen, dass sie nicht eintreffen wird. Doch Sie kommen gegen die Angst nicht an und erleben möglicherweise Gefühle der Hilflosigkeit.

Sie sind vielleicht stets bemüht, Entscheidungen nicht aus dem Bauch heraus zu treffen, und scheuen das Risiko: Daher wägen Sie ab und überlegen lange – und sind nach gefallener Entscheidung doch unsicher, ob die Wahl die richtige Alternative war.

Sie vermeiden potentiell angstauslösende Situationen – und ärgern sich womöglich anschließend über die verpasste Chance.

Menschen, die die mütterliche Stimme der Ängstlichen verinnerlicht haben, haben möglicherweise als Kinder die Angst erlernt. Sie haben eventuell im Kindesalter eine Mutter erlebt, die besonders überbehütend und damit selbst sehr ängstlich und unsicher war. Vielleicht sind Sie auch besonders sensibel, und diese Sensibilität hat Ihnen geholfen, in Ihrem familiären System zu überleben. Denn wer spürt, dass ihm gleich etwas Schlimmes widerfahren wird, kann sich schützen.

Doch auch Ängste habe ihre Funktion und sind in vielen Situationen notwendig und hilfreich: Angst schützt erst einmal vor Gefahr und ist evolutionsbiologisch überlebensnotwendig. Angstfreiheit sollte somit nicht Ihr Ziel sein.

Auftrag: Sei vorsichtig!

Die Harte

Besitzt der Satz »Sei nicht so empfindlich« in Ihrem Leben aktuell eine besondere Bedeutung, haben Sie vermutlich die mütterliche Stimme der Harten verinnerlicht.

Sie sind vermutlich ein Mensch, der glaubt, er sei zu sensibel und wehleidig, er würde sich Dinge zu schnell zu Herzen nehmen und sich zu viel sorgen. Manchmal fragen Sie sich möglicherweise, ob Ihr Leiden an etwas berechtigt ist oder ob Sie sich bloß anstellen – ein Wort, das Sie vielleicht aus Ihrer Kindheit nur zu gut kennen.

Vielleicht zweifeln Sie sogar grundlegend an Ihrer Wahrnehmung, Ihrer Einschätzung von Situationen, der Berechtigung Ihrer Gefühle – letztlich an sich selbst.

Sie zeigen anderen Menschen daher womöglich ungern, wie es in Ihnen aussieht, da Sie fürchten, diese würden es nicht verstehen, da Sie, aus Ihrer Sicht, überreagieren.

Es kann auch sein, dass Sie oft das Gefühl haben, Sie seien schwach und möchten diese Schwäche vor anderen Menschen verbergen.

Menschen, die die mütterliche Stimme der Harten verinnerlicht haben, haben im Laufe ihres Lebens häufiger Sätze wie etwa »Stell dich nicht so an!« oder »Bist du empfindlich!« gehört. Sie haben mit ihren Gefühlen, ihren Belastungen und Leiden kein Gehör gefunden, sind nicht auf Anklang gestoßen, nicht gesehen worden. Sie haben gelernt, dass es besser ist, ihr Leiden, Ihre Belastungen für sich zu behalten, um Enttäuschungen zu entgehen.

Auftrag: Sei nicht so empfindlich!

Die Perfektionistin

Besitzt die Stimme der Perfektionistin derzeit in Ihrem Leben eine große Bedeutung, dann haben Sie womöglich die mütterliche Botschaft »Sei perfekt« verinnerlicht.

Sie sind vermutlich eine Person, die stets darum bemüht ist, alles perfekt zu machen. Sie sind ehrgeizig, gewissenhaft, verlässlich, bringen gute, meist sogar sehr gute Leistungen – und sind doch nur selten mit sich zufrieden und fühlen sich minderwertig. Durchschnitt – das ist nichts für Sie. Sie haben hohe persönliche Standards und wollen stets das Beste aus sich herausholen – und gehen dazu auch häufig über Ihre persönlichen Grenzen. Erreichen Sie keine Perfektion, haben Sie versagt, haben Sie sich vermutlich, aus Ihrer Sicht, zu wenig angestrengt.

Ihnen werden gerne Aufgaben anvertraut – man weiß, Sie werden diese verlässlich und korrekt erledigen. Doch selten erreichen Sie für sich nach der Beendigung einer Aufgabe Zufriedenheit – und wenn, dann sind die damit verbundenen positiven Gefühle meist nur von kurzer Dauer. Sie zweifeln an Ihren Leistungen, meist unabhängig vom Lob der anderen, das Ihnen gleichzeitig doch so wichtig ist.

Ebenso ist dies vermutlich bei Erfolgen: An Misserfolge erinnern Sie sich länger als an Ihre Erfolge. Fehler versuchen Sie zu vermeiden. Nichts darf schiefgehen! So kommt es möglicherweise, dass Sie sich kleine Fehler nur schwer verzeihen können und diese als Beweis für Ihre vermeintliche Unfähigkeit sehen. Ihr Credo lautet: Wer Fehler macht, ist ein Versager und wird abgelehnt. Das möchten Sie um jeden Preis vermeiden.

Sie fürchten sich möglicherweise vor der Bewertung der anderen und arbeiten stets gegen diese Angst an, indem Sie Perfektion anstreben. Sie hoffen auf ein positives Urteil, das Sie meist dann doch nur schwer annehmen können und womöglich abwerten. Perfekt ist das Ergebnis, aus Ihrer Sicht zumindest, ja doch nicht. Sie stehen vermutlich unter hohem Erfolgsdruck. Statt anderen eine Aufgabe zu überlassen, erledigen Sie sie lieber selbst – Ihnen wird es ja doch niemand perfekt genug machen können.

Menschen, bei denen die mütterliche Stimme der Perfektionistin laut ist, haben häufig das Gefühl, nicht gut genug zu sein. Ihr Selbstbild ist geprägt von Fehlerbehaftung: Sie fühlen sich minderwertig, verurteilen sich für Ihre Schwächen. Sie strengen sich permanent an, besonders gut zu sein und Fehler zu vermeiden – häufig bis zur Erschöpfung. Sie leiden unter körperlicher Anspannung und Unruhe in ihrem Inneren. Der Druck, den Sie beinahe unerlässlich auf sich ausüben, verursacht Stress. Sie haben in Ihrer Kindheit meist verinnerlicht, dass nur den Menschen, die perfekt scheinen, Wertschätzung und Liebe widerfahren. Sie quälen sich in der Folge mit überhöhten Ansprüchen, der Anstrengung, diese zu erfüllen, und der Sorge, hinter diesen »mal wieder« zurückzubleiben. Die Anerkennung der anderen ist Ihnen wichtig und gerät doch schnell in Vergessenheit oder erfährt eine Abwertung.

Auftrag: Sei perfekt!

Die Unabhängige

Ist die mütterliche Stimme der Unabhängigen besonders präsent in Ihrem Leben, begleitet Sie vermutlich der Satz »Sei unabhängig«.

Möglicherweise sind Sie ein Mensch, dem es wichtig ist, in seinem Leben fest auf eigenen Beinen zu stehen: Sie streben nach emotionaler und finanzieller Unabhängigkeit. Freiheit besitzt in Ihrem Leben einen hohen Stellenwert. Sie zweifeln möglicherweise häufig daran, ob Sie bereits (finanziell oder emotional) zu abhängig sind und sich lösen müssen, dies gilt für Ihr privates als auch für Ihr berufliches Leben.

In Ihrem Job haben Sie vielleicht stets einen Plan B. Auf Autoritäten geben Sie wenig. Wichtig ist Ihnen, jederzeit gehen und zu Ihrer Meinung stehen zu können. Sie machen sich nicht abhängig, haben immer noch ein Ass in der Hinterhand.

Auch die Meinung anderer Menschen besitzt für Sie möglicherweise einen untergeordneten Stellenwert. Wichtig ist Ihnen, wie Sie selbst zu sich stehen.

Vielleicht leben Sie in dem festen Glauben, dass nur Sie selbst sich glücklich machen können. Sie möchten nach Ihren eigenen Wünschen und Bedürfnissen handeln – nicht nach denen eines anderen. Auch möchten Sie nicht von der Anerkennung oder dem Interesse eines anderen an Ihnen abhängig sein. Zu eng möchten Sie sich daher an niemanden binden – und doch fragen Sie sich stets, ob Sie sich bereits vielleicht zu abhängig von jemandem gemacht haben oder ob Sie gerade in Ihrer persönlichen Freiheit eingeschränkt werden. Denn Sie fürchten möglicherweise, am Ende enttäuscht zu werden. Und so kämpfen Sie, sich selbst schützend, für den Erhalt Ihrer persönlichen Freiheit und Unabhängigkeit und gegen die möglicherweise drohende Enttäuschung – und stellen manchmal doch in stillen Momenten die Sinnhaftigkeit dieser Kraftanstrengung infrage, denn die Zweifel, zu abhängig zu sein, lassen nicht ab von Ihnen.

Vermutlich verlassen Sie sich auch ungern auf andere Menschen und nehmen Ihre Angelegenheiten lieber selber in die Hand. Unterstützung von anderen können Sie nur schwer annehmen. Vielleicht lassen Sie es auch gar nicht zu, dass jemand nah an Sie herankommt oder Sie unterstützt. Entscheidungen treffen Sie meist unabhängig von anderen: Wer sollte es für Sie besser wissen als Sie selbst? Verlassen Sie sich einmal auf andere, fürchten Sie das Verlassenwerden – die Sorge vor Abhängigkeit und Furcht vor Enttäuschung sind möglicherweise Ihre ständigen Begleiter.

Menschen, in deren Leben die mütterliche Stimme der Unabhängigen eine große Bedeutung besitzt, haben häufig selbst die Erfahrung gemacht, dass sie enttäuscht werden, wenn sie sich auf jemand anderen verlassen. Auch kann es sein, dass diese Menschen in ihrer Kindheit oder Jugend beobachtet haben, dass ihre Mütter sich in Abhängigkeiten gegeben haben, die ihnen letztlich geschadet haben. Sie haben in der Konsequenz für sich entschieden, unabhängig zu werden, sodass ein ähnliches Schicksal vermieden werden kann. Und so begleitet diese Menschen vielfach die Frage: »Bin ich bereits in die Falle getappt und zu abhängig von jemandem geworden?«

Auftrag: Sei frei und unabhängig!

Die Selbstzerstörerische

Besitzt die mütterliche Stimme der Selbstzerstörerischen eine besondere Bedeutung in Ihrem Leben, ist womöglich der Satz »Sei nicht existent« Ihr ständiger Wegbegleiter.

Vielleicht sind Sie ein Mensch, der anderen nicht zur Last fallen möchte, ungern um Hilfe bittet und dennoch unter dem ständig quälenden Gefühl leidet, er sei lästig und für andere wenig bedeutsam.

Möglicherweise versuchen Sie bereits Ihr Leben lang, Ihren Mitmenschen, sei es Ihren Eltern oder Ihren Freunden, nicht zur Last zu fallen. Sie verhalten sich in der Regel möglichst ruhig und unauffällig, bemühen sich, wenig einzufordern, sei es an Aufmerksamkeit, Interesse oder Anstrengung. Vielleicht haben Sie auch als Kind schon versucht, Ihren Eltern keinen Kummer zu bereiten, waren »pflegeleicht« und haben sich stets bemüht, in den Augen Ihrer Eltern als besonders lieb in Erscheinung zu treten.

Ihre Probleme sollen anderen keine Sorgen bereiten. Um Hilfe, wenn Sie welche benötigen, möchten Sie eigentlich niemanden bitten. Damit möchten Sie die Menschen in Ihrer Umgebung nicht belasten.

Und trotz Ihrer Bemühungen, kaum in Erscheinung zu treten, haben Sie dennoch das Gefühl, eine Belastung für andere zu sein – genau das, was Sie eigentlich stets zu vermeiden suchen. Egal, wie sehr Sie sich abmühen, aus Ihrer Sicht sind und bleiben Sie für andere eine Last, eine Anstrengung.

Möglicherweise ziehen Sie sich auch von anderen zurück, fühlen sich manchmal einsam in Ihrer Haut, erleben sich selbst als kompliziert und möchten sich den anderen nicht zumuten.

Sie quälen sich mit Selbstvorwürfen, gehen hart mit sich ins Gericht. Manchmal in stillen Momenten denken Sie vielleicht sogar, dass es besser sei, wenn Sie gar nicht da seien. Sie belasten, aus Ihrer Sicht, die anderen mit Ihrem Dasein ja eh nur: Wären Sie nicht da, wäre es für die anderen leichter.

Auftrag: Sei nicht existent! Störe nicht!

Die Abhängige

Besitzt der Satz »Sei abhängig« derzeit eine besondere Bedeutung in Ihrem Leben, ist die mütterliche Stimme der Abhängigen präsent.

Möglicherweise sind Sie ein Mensch, der sich vor dem Alleinsein fürchtet und sich in der Konsequenz eng an andere Menschen bindet. Vielleicht haben Sie auch das Gefühl, auf andere, deren Anerkennung und Liebe, existentiell angewiesen zu sein. Sie bemühen sich in der Folge vielleicht stets darum, andere nicht zu verlieren, indem Sie versuchen, deren Wünsche und Bedürfnisse zu erfüllen – und vergessen dabei vielleicht manchmal Ihre eigenen.

Für Sie ist es nicht leicht, Ihren negativen Gefühlen Ausdruck zu verleihen oder sich diese einzugestehen. Ihnen fällt es möglicherweise schwer, anderen zu sagen, wenn Sie etwas stört oder Sie unglücklich sind, da Sie fürchten, dann von dieser Person verlassen zu werden. Vielleicht geben Sie bei Konflikten lieber nach, auch wenn Sie den Eindruck haben, dass Sie im Recht sind, da Sie den anderen nicht vor den Kopf stoßen wollen und dessen Ablehnung fürchten. Manchmal fühlen Sie sich anderen Menschen ausgeliefert.

Eventuell denken Sie häufig darüber nach, was andere über Sie denken, wenn Sie sich so oder so verhalten würden. So sind Sie darauf bedacht, ein gutes Bild von sich abzugeben und stets, aus Ihrer Sicht, liebenswert zu erscheinen – das kostet Sie Kraft.

In Beziehungen haben Sie möglicherweise schon häufiger den Vorwurf gehört, dass Sie klammern würden, eifersüchtig oder kontrollsüchtig seien. Sie benötigen vielleicht die Aufmerksamkeit und Anerkennung durch Ihren Partner oder dessen ständige Verfügbarkeit, da Sie den Eindruck haben, nur dieser vermittelt Ihnen ein Gefühl der Wertschätzung und Vollständigkeit. Vielleicht haben Sie auch bereits an Beziehungen mit Menschen festgehalten, von denen Sie eigentlich wussten, dass diese nicht gut für Sie sind. Sie konnten diese Beziehungen nicht beenden, vielleicht aus der Sorge heraus, dass Sie sonst für immer allein sein würden. Oder Sie haben versucht, das für Sie möglicherweise schädliche Verhalten zu entschulden, zu erklären, umzudeuten, um dann doch zu dem Schluss zu kommen, dass es besser wäre, an der Beziehung festzuhalten – bis zur Selbstzerstörung.

Bei Menschen, bei denen die Stimme der Abhängigen besonders präsent ist, haben wir häufig die Erfahrung gemacht, dass sie sich tief in ihrem Inneren unvollständig, leer und verloren fühlten. Sie waren der festen Überzeugung, durch die enge Bindung an jemand anderen eine Vervollständigung ihrer selbst zu erfahren. Sie setzten alles daran, den anderen nicht zu verlieren – und verloren sich dabei selbst, manchmal sogar ihr Selbstvertrauen und ihre Selbstachtung.

Diese Menschen hatten vielfach ein großes Bedürfnis nach Zuneigung, das seinen Ursprung in der frühen Kindheit haben kann: Jedes Kind kommt hilflos und mit dem Bedürfnis nach Zuneigung auf die Welt. Wird auf dieses Bedürfnis bereits im Säuglingsalter durch die Mutter nicht adäquat eingegangen, dieses vielleicht sogar negiert, kann ein immerwährendes Bedürfnis nach Zuneigung entstehen. Auch kann es sein, dass beispielsweise jegliche Loslösung von der Mutter mit einem Verlust der Liebe einherging und so generalisierend gelernt wurde, »wenn ich gehe, werde ich nicht mehr geliebt«. Um den Verlust der Liebe zu vermeiden, wird eine enge Bindung angestrebt. Eine weitere Ursache könnte darin bestehen, dass bereits die Mutter selbst als Modell für die Abhängigkeit diente: Möglicherweise war die Mutter selbst in einer abhängigen Beziehung, und diese Abhängigkeit wurde als Beziehungsmuster gelernt und übernommen.

Auftrag: Sei abhängig!

Die Loyale

Besitzt der Satz »Sei mir gegenüber loyal« in Ihrem Leben aktuell eine besondere Bedeutung, begleitet Sie möglicherweise die mütterliche Stimme der Loyalen.

Vielleicht sind Sie eine Person, die ungern andere Menschen kritisiert und gelernt hat, familiäre Probleme, Geheimnisse oder Tabus nicht nach außen zu tragen, getreu dem Motto: »Was in der Familie passiert, bleibt in der Familie.«

Möglicherweise sind Sie ein Mensch, dem es schwer fällt, andere zu kritisieren, ihnen Ihre Meinung zu sagen, stets in der Sorge, Sie könnten Ihr Gegenüber verletzen und in der Folge dessen Wohlwollen verlieren.

Ähnlich verhält es sich vielleicht, wenn Sie den Eindruck gewinnen, von jemandem, insbesondere aus Ihrem familiären Umfeld, ungerecht behandelt oder verletzt worden zu sein – Sie sprechen lieber nicht mit der Person oder auch anderen darüber in der Sorge, würde der vermeintliche Verrat ans Licht kommen, abgelehnt oder gar gänzlich ausgeschlossen zu werden. Egal, wie sehr Sie sich ärgern oder verletzt sind, Sie möchten niemanden vor den Kopf stoßen. Und so behalten Sie Ihr Leid für sich und leiden im Stillen.

Manchmal haben Sie vielleicht sogar das Gefühl, Sie müssten die Menschen in Ihrem persönlichen Umfeld vor anderen Menschen und deren Urteilen beschützen. Ihnen ist es wichtig, dass niemand schlecht über Sie oder Mitglieder Ihrer Familie denkt oder gar redet – Sie wollen niemandem einen Anlass dazu geben. Und so erhalten Sie stets die Fassade aufrecht. Vielleicht gibt es in Ihrer Familie sogar ein großes Familiengeheimnis, ein Tabu, über das Sie schweigen müssen, um dazuzugehören. Ein Verrat wäre mit einem Ausschluss gleichzusetzen – Ihre Loyalität wird eingefordert. Wer das Spiel nicht mitspielt, fliegt raus, wird möglicherweise mit Kontaktabbruch bestraft. Das ist vielleicht nicht offen in Ihrer Familie kommuniziert, sondern nur implizit spürbar, aber Sie haben das Gefühl, dass Sie es lieber für sich behalten und den Schein nach außen aufrechterhalten sollten.

Kinder wachsen immer in einer Abhängigkeitsbeziehung zu ihrer Mutter auf. Sie sind auf deren emotionale Zuwendung und physiologische Versorgung angewiesen. So sind Kinder zunächst einmal von Grund auf loyal. Problematisch wird es, wenn diese Loyalität instrumentalisiert und funktionalisiert wird; wenn das Kind Selbstverrat begehen muss, um letztlich geliebt und nicht ausgeschlossen und abgewertet zu werden.

Wir haben die Erfahrung gemacht, dass Menschen, die von der mütterlichen Stimme der Loyalen begleitet werden, in ihrer Kindheit häufig erlebt haben, was passiert, wenn Tabus, Geheimnisse oder familiäre Missstände gegenüber Dritten geäußert wurden: Sie wurden auf unterschiedlichste Weise, wenn partiell auch nicht unbedingt eindeutig erkennbar, bestraft, sei es mit Kontaktabbruch, Ausschluss, Schweigen, Abwertung, Bloßstellung, Gewalt etc. Und so haben sie bereits als Kinder gelernt, über den Selbstverrat hinaus loyal zu sein. In der Folge fiel es ihnen insbesondere im Jugend- und jungen Erwachsenenalter schwer, einerseits ein gewisses Maß an Loyalität ihrer Mutter gegenüber zu zeigen, um keinen Beziehungsabbruch zu riskieren, andererseits ein eigenständiges Leben mit eigenen Werten zu entwickeln. Andere brachen den Kontakt zu ihrem Elternhaus ab, da sie nur so die Möglichkeit sahen, sich selbst treu zu bleiben und eigene Lebensperspektiven entwickeln zu können.

Auftrag: Sei mir gegenüber unbedingt loyal!

Die Glücksbringerin

Ist in Ihrem Leben die Botschaft »Sei die, die mich glücklich macht« besonders präsent, hören Sie hier vermutlich die mütterliche Stimme der Glücksbringerin.

Vermutlich sind Sie eine Person, der es schwerfällt, »Nein« zu sagen, und die stets das Glück, das Wohlergehen der anderen im Blick hat – und sich und die eigenen Bedürfnisse dabei häufig selbst aus den Augen verliert.

Möglicherweise sind Sie ein Mensch, der ein ganz besonderes Gespür für die Sorgen und Nöte, Wünsche und Bedürfnisse anderer Menschen besitzt. Sie machen sich viele Gedanken darüber, wie es Ihren Mitmenschen geht. Das Wohl der anderen liegt Ihnen sehr am Herzen. Vielleicht sind Sie auch besonders sensibel für die Stimmungen anderer Menschen, merken schnell, wenn es jemandem schlecht geht, und sind stets bemüht, dies in eine positive Richtung zu lenken.

Ohne dass etwas ausgesprochen werden muss, fühlen Sie, wenn jemandem etwas fehlt, er oder sie nicht gut drauf oder unzufrieden ist. Sie reagieren darauf und setzen alles daran, unausgesprochene Wünsche zu erkennen und zu erfüllen. Sie möchten es allen recht machen und hoffen auf deren Wertschätzung und Zuwendung.

Für das Wohl der anderen stellen Sie möglicherweise Ihre Interessen und Bedürfnisse zurück. Haben Sie eigentlich keine Zeit, werden aber um einen Gefallen gebeten, nehmen Sie sich die Zeit und verzichten lieber selbst. Ein »Nein« geht Ihnen nur schwer über die Lippen. Ziehen Sie es einmal in Erwägung, werden Sie von Gedanken gequält, was die anderen nun über Sie denken mögen, würden Sie »Nein« sagen. Die Angst vor Ablehnung zwingt Sie zum »Ja«.

Vielleicht haben Sie auch das Gefühl, Sie können nur glücklich sein, wenn die anderen glücklich sind. Möglicherweise ignorieren oder negieren Sie sogar Ihre eigenen Bedürfnisse und Wünsche, um dem Anspruch, es allen recht zu machen, überhaupt gerecht werden zu können. Gelingt Ihnen dies nicht, sind Sie wütend auf sich.

Manchmal sind Sie vielleicht sogar wütend darüber, dass Sie sich immer für die anderen aufopfern und für sich und Ihr Wohlbefinden nur wenig von Ihrer Energie und Zeit übrig bleibt – denn in manchen Momenten fragen Sie sich vielleicht doch: »Was ist eigentlich mit mir und meinen Bedürfnissen?« Vielleicht haben Sie anderen auch schon Vorhaltungen gemacht, dass Sie sich stets für sie einsetzen und Ihnen niemand hilft, wenn Sie Hilfe benötigen.

Menschen, in deren Leben die mütterliche Stimme der Glücksbringerin eine besondere Bedeutung besitzt, haben oft im Laufe ihres Lebens gelernt, nur durch Hilfsbereitschaft ihr fundamentales Bedürfnis nach Anerkennung, Liebe und Wertschätzung stillen zu können. Manche haben eine Mutter erlebt, die ihnen das Gefühl gab, sie seien für deren Glück verantwortlich. Sie bemühten sich stets, ihre Mutter glücklich zu sehen – doch es reichte nicht. Manche hatten eine Mutter, die an einer psychischen Störung (z. B. Depression) erkrankt war: Als Kinder fanden sie keine Erklärung für die Traurigkeit, Angst oder Hilflosigkeit der Mutter, suchten in ihrem kindlichen Egozentrismus die Schuld bei sich und gewannen die Überzeugung, dass sie nicht lieb oder hilfsbereit genug waren. Andere haben in ihrer Kindheit einen plötzlichen für sie damals unerklärlichen Entzug der mütterlichen Liebe erfahren (z. B. durch Trennung der Eltern oder Berufstätigkeit der Mutter) und versuchten, durch helfendes Verhalten ebenso dennoch Gefühle der Anerkennung, Liebe und Zuwendung zu erhalten.

Auftrag: Sei die, die mich glücklich macht!

Kreative Selbsterfahrung vom Leidsatz zum Leitsatz

Aufträge, die von Kindesbeinen erteilt wurden, können schwer wiegen und zu leidvollen Bürden werden. Wichtig ist, diese innere Stimme zu identifizieren und zu erkennen: Ich bin nicht diese Stimme!

Schauen Sie, unter welchem Auftrag (meist der, der eine hohe Punktzahl im Test erhielt) Sie bis heute womöglich leiden. Schreiben Sie einen Auftrag, den Sie nicht mehr annehmen möchten, noch einmal auf:

z. B. *Sei die, die mich glücklich macht.*

Formulieren Sie nun neu in folgender Weise:
Auch wenn ich es anders gelernt habe, weiß ich, dass ich nicht nur auf der Welt bin, um ...
meine Mutter glücklich zu machen.

Oder als Gegenteil im »Gegensatz«:
Auch wenn ich es anders gelernt habe, weiß ich, ...
dass ich ein Recht auf ein freies und selbstbestimmtes Leben habe.

Nehmen Sie ein paar Atemzüge und sprechen Ihren neuen Leitsatz mehrfach laut aus. Wandeln Sie so lange ab, bis er genau für Sie stimmt. Spüren Sie in Ihren Körper hinein: Welche Körperstelle unterstützt Sie auf dem neuen Weg? Gehen Sie mit Ihrer Achtsamkeit zu dieser Stelle ... finden Sie nun eine Geste, die Ihren neuen Leitsatz unterstützt.

Sprechen Sie nun morgens dreimal Ihren Satz und machen die entsprechende Geste dazu. Üben Sie genau so lange, bis Sie den Eindruck haben, dass Sie den alten Auftrag hinter sich gelassen haben. Wenn der neue Leitsatz für Sie stimmt, hängen Sie ihn gut sichtbar über Ihren Übeplatz, speichern Sie ihn in Ihrem Handy. Stehen Sie ab sofort mit diesem Satz auf. Der neue Leitsatz kann bei regelmäßiger Wiederholung hochwirksam werden.

Sie können mit einem anderen Satz weitermachen, wenn die Punktzahlen etwa gleich hoch waren.

Baustein 2: Werden Sie selbstbewusst durch Bewusstheit!

Hilfefaktor Achtsamkeit

Glück findet immer gerade jetzt statt. Wenn keine Achtsamkeit für das Jetzt vorhanden ist, gehen kostbare Momente einfach verloren, dann rauscht das Glück vorbei, da es nicht einmal wahrgenommen wird. Erwachsene Kinder schwieriger Eltern haben als Kinder gelernt, aus dem Jetzt zu fliehen, vielleicht, weil es nicht aushaltbar oder wenig attraktiv schien. Deshalb fällt es ihnen besonders schwer, wieder im Jetzt anzukommen. Das Zurückerobern des Lebensglückes bedeutet, sich in das Jetzt zurückzutrauen.

Ein wichtiger Helfer, um ins Jetzt zu kommen, ist unser Atem: Wahrnehmen, ohne jede Absicht und ohne jede Bewertung, wie der Atem einfließt und wie er wieder den Körper verlässt: Das ist die Brücke in die Gegenwart. Das klingt so einfach und ist doch gerade für Menschen aus schwierigen Elternhäusern schwer. Da damals das »Jetzt« unangenehm oder bedrohlich erlebt wurde, sind sie aus dem »Jetzt« entflohen. Sie haben in der Folge Lebensqualität verloren. Diese gilt es heute wieder zurückzugewinnen. Diesen Schritt können *nur Sie selbst* für sich tun. Alle große Veränderung, auch in Ihrem Leben, beginnt mit einem kleinen Schritt. Diesen können Sie gerade heute tun.

Atmen Sie sich für Augenblicke ins Jetzt und steigern Sie diese Zeit innerhalb der nächsten Tage, wenn wir uns hier wieder treffen. Ich bin sicher: Wenn Sie den Weg auf diese Seite gefunden haben, dann haben Sie in Ihrer Kindheit viel zu früh Großes geleistet. Sie haben wahrscheinlich schon ganz früh, um einen Vergleich zu wählen, den Mount Everest bestiegen. Nur: Das hat Ihnen niemand gesagt, man hat Ihnen erst recht nicht gedankt, weil vielleicht die Probleme Ihrer Eltern, um die sie sich viel zu früh kümmern mussten, angeblich gar nicht vorhanden waren. Tabuisieren war dann der Weg Ihrer Eltern; Ihre Eltern haben es nicht anders geschafft. Es ist wichtig, aus dieser familiären Negativkette auszusteigen, damit Sie Neues an Ihre Kinder und Ihren Partner weitergeben können. Mit nur einem Atemzug kann Neues in Ihr Leben und das Leben Ihrer Familie treten. Indem Sie sich Ihrer selbst bewusst werden, werden Sie beinahe unmerklich »selbst-bewusst«!

Meditation und Achtsamkeit sind als hochwirksame Mittel bei Kindheitsbelastung einzustufen. Sie können Krankheiten lindern und vorbeugen: Nervensystem und Immunsystem können einander verständigen, dies können wir für uns nutzen. Neuere Forschungen überprüfen, wie Gehirn und Immunsystem zusammenhängen, und es wird deutlich: Sie sind in ständigem Austausch. Ein gestresstes Gehirn beeinflusst das Immunsystem, somit gilt auch die Umkehrung: Ein entspanntes Gehirn entlastet den Körper. Körper, Seele und Geist sind eine Einheit: Dies lässt ganzheitliche, körperorientierte, integrative und leiborientierte Ansätze, kreative Therapien und Komplementär-Medizin für Betroffene so bedeutsam werden.

Kreative Selbsterfahrung: Mit einem Atemzug ins Glück

Vielleicht sagen Sie wie einige unserer kindheitsbelasteten Klienten: *»Das fühlt sich so unangenehm an, wenn alles ruhig ist und ich mich spüren muss!«* Dazu eignet sich die nachfolgende Übung in Anlehnung an Thich Nhat Hanh (1998, 2011) besonders: auftretende Spannungen werden zugleich gemildert.

Suchen Sie einen Ort, an dem Sie für die nächsten 30 Minuten ungestört sind. Wenn es passend ist, schließen Sie Ihre Augen. Üben Sie nun wie folgt:

- Einatmend verbinde ich mich mit meinem Körper, ausatmend löse ich alle Spannungen hier.
- Durchwandern Sie nun alle großen Körperteile auf diese Weise ...
- Einatmend verbinde ich mich mit meinem linken Fuß, ausatmend löse ich Spannungen hier.
- Einatmend verbinde ich mich mit meinem linken Bein, ausatmend löse ich ...
- Einatmend verbinde ich mich mit meinem rechten Fuß, ausatmend löse ich ...
- Machen Sie so weiter, bis Sie in Ihrem Kopf angekommen sind ...
- Einatmend verbinde ich mich mit meinen tiefen Muskelschichten und löse ...

Seien Sie nun achtsam, welcher Körperteil Aufmerksamkeit einfordert. Schenken Sie diesem Teil einige Minuten Ihrer Achtsamkeit. Ist ein Körperteil erkrankt oder braucht besondere Unterstützung? Gehen Sie dorthin und verweilen hier ein wenig. Kommen Sie dann allmählich mit Ihrer Aufmerksamkeit zurück und recken und strecken sich und öffnen die Augen: Sie sind nun wieder klar und wach.

Manchen Menschen hilft es, diese Anleitung vorher auf ein Diktiergerät zu sprechen ... probieren Sie aus. Diesen Baustein sollten Sie ab jetzt täglich üben und fest in Ihr Leben einbauen.

Wenn dies gut gelingt, ist eine gute Fortsetzung, das eigene Denken zu beobachten: Ihr aktivierter innerer Beobachter kann Ihnen in kritischen Beziehungssituationen gute Dienste leisten.

Wieder anderen Menschen hilft es, sich während der Übung (auch Kontemplation, Meditation etc. genannt) mit etwas Größerem zu verbinden: mit dem Kosmos, mit dem Universum, mit Gott, Buddha, Allah etc. Sie verbinden sich etwa mit der »Stille hinter der Stille, einer großen mächtigen Präsenz« (Jäger, 2012, S. 147). Finden Sie Ihren passenden Weg.

Auch die Bodyscan-Methode nach Kabat-Zinn (1999, als Übungs-CD erhältlich) oder Kontemplationsübungen können Sie, wie auch regelmäßige Yoga-Praxis, Qigong-Übungen oder Naturerlebnisse, auf Ihrem achtsamen Weg zusätzlich unterstützen.

Baustein 3: Optimieren Sie Ihren emotionalen Nachlass – für Ihre Nachkommen!

Hilfefaktor Orientierung

Jetzt besser leben – das wollen die meisten Menschen! Vor allem natürlich wünschen das all jene, die in ihrer Kindheit Schweres erlebt haben. Oftmals haben aber gerade diese Menschen ihre Hoffnung auf ein besseres Leben aufgegeben. So viel Enttäuschung, so viele leere Versprechungen haben sie bereits erlebt! Jetzt besser leben: »Wie könnte das gehen?«, fragen sie sich, und vor allem: »Wie sieht mein Weg zu einem besseren Leben aus?« Denn: Jede und jeder hat eine andere

Vorstellung davon, was ihr Leben verbessert. Hilfreich kann dabei die Arbeit mit inneren Bildern sein (auch aktives Imaginieren genannt) – dabei wird ihr Unbewusstes mit eingeschaltet und als weiser Ratgeber genutzt.

Wollen Sie auf kreativem Weg etwas über Ihre persönliche Vorstellung erfahren? Dann könnte die folgende kreative Selbsterfahrung hilfreich sein. Rechnen Sie mit ca. 60 Minuten Zeit, legen Sie Papier und Stifte bereit. Sorgen Sie dafür, dass Sie für diese Zeit ungestört sind, und bereiten einen Entspannungsplatz vor. Nach diesen Vorbereitungen starten Sie in die kreative Selbsterfahrung. Sie können diese auch jetzt überspringen und später nach dem weiteren Lesen durchführen!

Mit der Kraft Ihrer inneren Bilder, Ihrer Vorstellungskraft, können Sie etwas in Ihrem Leben ändern. So entwickeln Sie Ihre Möglichkeiten, mit Ihrem Unterbewussten in Kontakt zu treten und die dort vorhandenen Potentiale für sich zu nutzen: eine effektive Form der Selbsthilfe. Weitere Anregungen zur Arbeit mit Selbsthypnose bei Alman und Lambrou (2013).

Kreative Selbsterfahrung: Meine Besser-leben-Landschaft

(Die nachfolgende Übung kann auch als Collage bearbeitet werden. Dann ersetzen Sie »Malen« durch zuvor bereitgelegte Zeitschriftenausschnitte, die Sie als Collage aufkleben.)

Nehmen Sie sich einen Augenblick Zeit: Schließen Sie, wenn Sie mögen, die Augen ... nehmen Sie Ihren Atem wahr ... wenigstens drei Atemzüge, nur wahrnehmen, wie Sie ein- und wieder ausatmen ... gehen Sie nun mit Ihrer Achtsamkeit zu Ihrem Körper und nehmen alle großen Körperteile wahr. Nicht werten, nichts ändern müssen ...

Wenn Sie mögen, reisen Sie mit den nächsten Ausatemzügen wie mit einem Fahrstuhl zu Ihrer inneren Weisheit.

Nun lassen Sie vor Ihrem inneren Auge langsam eine Landschaft entstehen, in der Sie sich gut und glücklich fühlen.

- Wie duftet es hier?
- Wie schmeckt es?
- Welche Farben sehen Sie?
- Wie klingt es in dieser Landschaft, welche Geräusche hören Sie?

Lassen Sie sich ein wenig Zeit ... malen Sie nun diese Landschaft.

Fortsetzung: Schauen Sie diese Landschaft genau an, bewerten Sie nicht. Wie fühlen Sie sich, wenn Sie auf das Bild schauen? Bei welcher Aktivität, mit welchem Menschen fühlen Sie sich so, wie Sie es gemalt haben? Bauen Sie diese Aktivität oder Begegnung, wenn möglich, dreimal in die nächste Woche ein.

Kreative Selbsterfahrung: Meine Besser-leben-Landschaft / Teil 2

In der vorhergehenden kreativen Selbsterfahrung haben Sie Ihre »Besser-leben-Landschaft« gemalt und gestaltet. Vielleicht werfen Sie nun noch einmal einen Blick auf diese Landschaft – falls Sie diese noch nicht gestaltet haben, holen Sie dies doch heute nach ...

Betrachten Sie nun mit Ruhe: Was gefällt Ihnen an Ihrer-Besser-leben-Landschaft? Möchten Sie heute noch etwas verändern, das Sie jetzt gern anders hätten? Dann nehmen Sie sich ein wenig Zeit und malen / gestalten das in das Bild hinein.

Im nächsten Schritt suchen Sie bitte ein größeres Papier als das aus der letzten kreativen Selbsterfahrung, oder Sie legen gerade so viele Blätter um Ihre Besser-leben-Landschaft herum, wie erforderlich sind, um einen Rahmen zu erstellen.

Wenn Ihr Bild nun eingerahmt ist, lehnen Sie sich ein wenig zurück ... Gehen Sie mit Ihrer Achtsamkeit zu Ihrem Atem (so wie wir es hier schon geübt haben) und treten ein wenig beiseite. Stellen Sie sich vor, dass Sie mit jedem Atemzug ein Stück mehr zu sich und Ihren inneren Bildern kommen.

Gehen Sie nun der Frage nach, welche Umgebung Ihre Besser-leben-Landschaft braucht, damit sie entstehen kann. Welche Farben, Personen, Tiere, Menschen, Formen, Worte, Sprüche etc.?

Suchen Sie nun Verbindungen zwischen Rahmen und Landschaft, malen Sie alles herum, was Ihnen wichtig erscheint. Folgen Sie jeweils Ihrem ersten Impuls.

Nun schauen Sie noch einmal hin: Wo in dieser Gestaltung befinden Sie selbst sich gerade? Gibt es einen Punkt in der Landschaft, an Ihrer Grenze, im Rahmen oder weiter außerhalb?

Stellen Sie Verbindungen von Ihrem Standpunkt zur Besser-leben-Landschaft her. Greifen Sie Formen, Farben und Verbindungen auf. Vielleicht müssen Sie auch Hinderungen, Menschen, Gegenstände auf andere Plätze setzen, übermalen, herausschneiden ... seien Sie aktiv und spielerisch, weniger kopflastig. Für Ihre kreative Gestaltung sind Sätze »Wie soll das gehen?« und »Das ist doch Kinderkram!« meist wenig förderlich. Falls diese Fragen in den Vordergrund rücken, gestalten Sie diese als Teil des Bildes mit.

Schauen Sie nun alles Entstandene noch einmal an: Welchen Schritt zu Ihrem besseren Leben nehmen Sie sich für die nächste Woche vor? Trauen Sie sich und formulieren diesen Schritt in einem einfachen, positiven Satz.

»Ich werde ...«
Wichtig ist, dass Sie einen Schritt, sei er auch noch so klein, wirklich tun. Was auch immer um Sie herum passiert: Sie sind Mitgestalter Ihres

Lebens. Wenn ein Angehöriger schwierig oder erkrankt ist, gilt: Sie können ihn oder sie nicht ändern, aber Sie können Einfluss auf Ihr Leben nehmen!

Vertiefung:
Gibt es einen Punkt im Bild, der Ihnen am wichtigsten ist? Was macht diese Stelle aus? Finden Sie fünf Begriffe, die diese Stelle beschreiben. Schreiben Sie diese fünf Begriffe auf und hängen diese so auf, dass Sie sie in der nächsten Zeit inspirieren können! Wenn das Visuelle Sie mehr inspiriert, können Sie auch eine Minikopie dieses Ausschnitts anfertigen oder sie mit Ihrem Handy oder Kamera abfotografieren und als Handy-Upload immer bei sich tragen.

Kommentar zur kreativen Selbsterfahrung: Bilder können helfen, etwas zur Sprache zu bringen, für das wir noch keine Worte haben. Indem wir unsere Sinne aktivieren, aktivieren wir auch Potentiale, Sehnsüchte und Wünsche, die vielleicht längst vergessen schienen. Ist ein Bild vorhanden, finden wir Wege, dieses Bild zu realisieren: Worte können Anker der neuen Erfahrungen sein – die neue Erfahrung braucht regelmäßige Wiederholung.

Baustein 4: Geben Sie sich heute selbst, was gestern fehlte!
Hilfefaktor Anklang

Kindliche Anteile, Zukurzgekommenes leben in Ihnen weiter. Manchen hilft in diesem Zusammenhang die Vorstellung des »inneren Kindes«. Diese kindlichen Anteile werden oft übersehen und überhört: Wir kompensieren, statt uns dem Kind zuzuwenden. Wir essen, wenn wir eigentlich Trost brauchen, wir arbeiten uns weg, wenn wir trauern müssten, etc.

Sie können sich mit diesen kindlichen Anteilen auch heute noch verbinden: Hören Sie zu, was Ihr inneres Kind Ihnen erzählt, was es braucht, was es möchte. Der erwachsene Teil in Ihnen verfügt über diese Möglichkeiten. Musik kann Sie dabei unterstützen, eine Selbstheilungsressource sein, insbesondere die eigene Stimme: Musik kann an vortraumatische Zeiten anknüpfen, sie kann nachholen, was in frühen Jahren gefehlt hat. Weiterführendes zum »Heilsamen Singen« auch bei Wolfgang Bossinger (2006).

Kreative Selbsterfahrung: Klänge für das innere Kind

Gehen Sie in der gewohnten Weise mit Ihrer Achtsamkeit zu Ihrem Atem. Schenken Sie ihm einige Minuten Aufmerksamkeit. Nehmen Sie wahr, wie Sie ein- und ausatmen ...

Stellen Sie sich nun vor, genau so, wie Sie jetzt sind ... genau so alt, wie Sie jetzt sind, stellen Sie sich auch selbst als Ihr eigenes Kind vor ... vielleicht möchten Sie auch ein Kissen als Symbol für das Kind wählen.

Senden Sie nun Achtsamkeit zu diesem Kind ... wenn möglich alle Liebe, die Sie gerade aufbringen können.

Wenn das zu ungewohnt ist, schauen Sie auf das Kind mit einem wohlwollenden Blick ... was gefällt Ihnen? Lassen Sie sich Zeit ...

Vielleicht mögen Sie nun eine kleine Melodie summen, die Ihr Kind mag ... wiederholen Sie diese einige Male.

Sprechen Sie nun wiederholt ein Wort, einem Mantra gleich, das Ihrem Kind guttut. Vielleicht ein Wort wie »Friede« oder »Liebe« oder »Hoffnung«. Suchen Sie ein für Ihr Kind passendes Wort. Wenn es stimmig ist, summen Sie nun auch dieses Wort einige Male.

Machen Sie diese Übung während der Arbeit an diesem Baustein nach Möglichkeit ab jetzt jeden Tag.

Kommentar zur kreativen Selbsterfahrung: Etwas für sich selbst summen? Das ist kein Voodoo-Zauber. Lassen Sie uns ein wenig ausholen, um den Sinn dieser kreativen Selbsterfahrung verständlich zu machen: Wenn kindliche Beziehungen negativ und ablehnend erlebt wurden, geht das in der Regel mit körperlichem Stress einher. Betroffene können kaum noch entspannen. Nervensystem und Hormonhaushalt aktivieren Notfallprogramme, ohne wieder in einen Ruhemodus zu gelangen. So befinden sich Menschen aus belasteten Familien in dauerhaften Ausnahmesituationen, auf die der Körper mit der Ausschüttung von Kortisol reagiert. So wichtig dieses Hormon bei Stresssituationen ist, so schädlich ist es, wenn es dauerhaft im Organismus agiert. Die Bildung weißer Blutzellen wird gehemmt, im Letzten wird das Immunsystem geschädigt. Während diese Anfälligkeit teilweise über Jahrzehnte in jungen Jahren teils noch kompensiert werden kann, gelingt diese Anpassung mit zunehmendem Alter kaum noch. Zahlreiche Erkrankungen können auftreten. Diese Erkrankungen können wir letztlich nicht verhindern: In der Hinwendung zu zu kurz gekommenen Anteilen liegt eine Chance der eigenen Nachbeelterung – Musik als Resonanzgeberin kann eine Brücke in frühe gesunde Zeiten sein. Wenn es Ihnen gerade nicht gelingt, einen Zugang zu kindlichen Anteilen herzustellen, verlieren Sie bitte nicht die Geduld. Vielleicht stimmt der Zeitpunkt noch nicht. Dann ist das in Ordnung – seien Sie sicher: Ihre Seele kennt den geeigneten Zeitpunkt.

Wenn Sie wenig Zugang zu Ihrer Stimme haben, probieren Sie es spielerisch mit sehr leisen Tönen. Ansonsten können Sie auch eine Musik einspielen, die Ihnen passend erscheint – lassen Sie Ihr Kind aussuchen (günstig ist hier meist eine Musik, die von einer Gesangsstimme geführt wird). Auch wenn es sich fremd anfühlt: Neues fällt natürlich schwer!

Baustein 5: Machen Sie es sich in sich selbst gemütlich: Finden Sie Ihre innere Heimat!

Hilfefaktor Deckung (Schutz) und Deparenting

Die nächste Übung ermöglicht Ihnen, die Gefühle genauer anzusehen und sie zu wandeln: Ihre innere Heimat kann sichtbar werden, eine passende Umgebung ebenso (Anleitung in Anlehnung an »Haus der Stimmungen«; Barnowski-Geiser, 2009).

Kreative Selbsterfahrung: Die Heimat meiner Gefühle

Wir wollen uns heute ein ungewöhnliches Haus ansehen: die Heimat Ihrer Gefühle. Malen Sie auf ein genügend großes Blatt ein Haus mit Sockel und Dach. Teilen Sie den Innenraum, ohne Fenster oder sonstige Ausstattung, in acht Räume: vier Räume im Erdgeschoss, vier Räume in der ersten Etage. Das Dach und Sockel werden nicht mitgerechnet, sondern nun extra eingezeichnet. Zeichnen Sie nur Umrisse ohne Fenster, Türen oder Farben in den Räumen. Lassen Sie ein wenig Platz für die Umgebung um das Haus herum.

Beginnen Sie nun mit dem Erdgeschoss: Teilen Sie die Räume so auf, dass jeder Raum einen unmittelbaren Nachbarraum hat. In zwei Räume malen Sie für Sie wichtige Gefühle Ihrer Kindheit: Gestalten Sie jeden Raum so, wie es farblich für Sie zu diesem Gefühl passt. Schreiben Sie den Namen des Gefühls nun dazu. Nun nehmen Sie den benachbarten Raum und füllen ihn mit einem Gefühl, das für Sie das Gegenteil darstellt des bislang eingetragenen. Verfahren Sie mit den zwei verbleibenden Räumen im Erdgeschoss genauso.

Vier Räume in der ersten Etage müssen nun noch frei sein. Gestalten Sie nun zwei Räume mit Gefühlen, die Ihnen im Moment, jetzt in der Gegenwart, bedeutsam sind. Anschließend füllen Sie die beiden Räume in der ersten Etage mit den jeweils gegenteiligen Gefühlen. Benennen Sie diese und schreiben auch Sie hinein.

Schauen Sie nun Ihre Heimat der Gefühle an. Ist es so passend für hier und heute?
Man vermutet, dass jeder Mensch eine Grundstimmung hat. Wie ist das bei Ihnen, gibt es eine Häufung einer bestimmten Farbe in Ihrem Haus? Gibt es im Sockel ein Grundgefühl oder eine Grundstimmung, die Sie als für Sie selbst typisch bezeichnen? Malen Sie diese in den Sockel hinein. Schauen Sie nun noch einmal auf Ihr Bild. Im Dach ist noch Platz für ein Wunschgefühl, das Sie gerne hätten.

Im Anschluss an die gesamte Arbeit kann die Umgebung des Hauses gestaltet und ein passender Titel angefügt werden.

Schauen Sie nun auf Ihr Bild. Welchem Gefühl möchten Sie mehr Raum geben in Ihrem Leben? Welche Musik passt zu diesem Gefühl? Werden Sie Ihr eigener DJ: Suchen Sie in den nächsten Tagen einen Musiktitel, der Sie in dieses Gefühl hineinversetzen kann. Spielen Sie diesen Titel einmal täglich, tanzen und bewegen Sie sich zu dieser Musik.

Mit Musik können Sie Ihre Gefühle und Stimmungen beeinflussen. Was fehlt noch im Bild? Zeichnen Sie in dieser Woche täglich etwas ein, das Ihnen bedeutsam erscheint.

Seien Sie achtsam für Ihre Stimmung, benennen Sie, in welcher Stimmung Sie gerade sind.

Erläuterung
Je vertrauter Sie mit Ihrer Innenwelt werden, je genauer Sie Stimmungen und Gefühle kennen, je mehr Sie gewünschte Stimmungen leben (in der Musik), umso heimischer können Sie werden. Besuchen Sie Ihre innere Heimat ab jetzt öfter.

Baustein 6: Gestalten Sie das Drehbuch Ihres Lebens neu!

Hilfefaktor Klarheit

In diesem Baustein haben Sie die Möglichkeit, mit kreativen Schreibimpulsen zu arbeiten.

Als Erstes erhalten Sie einen Textanfang, den Sie weiterschreiben.

Kreative Selbsterfahrung: Schreibimpuls

Nehmen Sie diesen Satz als Ausgangspunkt Ihres Schreibens:

1. »Plötzlich war alles anders: Der Satz war ausgesprochen ...«
2. Ihre Mutter und Sie ... wie im Märchen? Genau: Schreiben Sie ein Märchen, in dem Sie und Ihre Mutter vorkommen. »Es war einmal ...« Zensieren Sie nicht, legen Sie einfach los. Meist gibt es im Märchen ein Happy End.
3. Schreiben Sie nun einen Brief an Ihre Mutter, den Sie nicht abschicken müssen. Nutzen Sie die Chance zu sagen, was Sie schon immer sagen wollten. Äußern Sie Träume, Wünsche, Unklares etc.: »Liebe ...,«

Kreative Selbsterfahrung: In den Schuhen meiner Mutter

Einfühlende Identifikation

Manchen Menschen hilft es, sich näher mit ihrer Mutter zu beschäftigen (schauen Sie, ob Ihnen das guttut oder ob Sie lieber mehr Abstand halten). Wenn Sie eher mehr Abstand zu Ihrer Mutter haben und sich nicht so sehr in sie einfühlen, dann kann diese Übung für Sie hilfreich sein.

Versetzen Sie sich für einige Minuten in die Kindheit Ihrer Mutter ... vielleicht stellen Sie sich Ihre Mutter als 5-Jährige vor ... stellen Sie sich für kurze Zeit in die Schuhe Ihrer Mutter und spüren, was sie fühlt ... wie fühlen Sie sich als die kleine 5-Jährige, wer ist in Ihrer Nähe? Was wünschen Sie sich von den Menschen, die Sie gern haben?

Schreiben Sie einen kurzen Text über das, was Sie »In den Schuhen Ihrer Mutter« erlebt haben.

Wenn Sie eher drohen, in Ihrer Mutter zu »verschwinden«, kann die nachfolgende Übung hilfreich sein.

Kreative Selbsterfahrung: Was brauche ich?

Malen Sie einen Kreis.

Arbeiten Sie mit nachfolgenden Fragen:

- Was brauche ich?
- Was braucht meine Mutter?
- Was braucht unsere Beziehung?

Wie viel Raum nehmen diese Fragen in Ihrer aktuellen Beziehung zur Mutter ein (es kann auch eine andere Beziehung gewählt werden)? Wie viel Prozent von 100 % nehmen diese Bereiche ein?

Zeichnen Sie diese Verteilung in Form von Dreiecken (»Kuchenstücken«) ein, die Sie nach Prozentzahlen gewichten. Zeichnen Sie anschließend in Rot Ihre Wunschverteilung ein. Wiederholen Sie diese Übung von Zeit zu Zeit und vergleichen die Ergebnisse.

Welche Schnittmengen und Unterschiede finden Sie in der Beantwortung dieser Fragen?

Wenn Ihre Mutter dafür offen ist, können Sie diese Übung gemeinsam angehen.

Baustein 7: Werden Sie Bildhauer Ihres neuen Lebens!
Hilfefaktor Offenheit und Öffnung

Kreative Selbsterfahrung: Skulptur meines Lebens

Gehen Sie an einen ungestörten Ort. Nehmen Sie Kontakt zum Boden auf, spüren Sie, wie Sie der Boden trägt. Seien Sie achtsam für Ihren Atem.

Wir möchten Sie nun zu einem Spaziergang einladen. Stellen Sie sich vor, Sie haben einen Ausflug gemacht. Sie gehen in ihrer Phantasie durch einen Park ... wie riecht es hier ... was hören Sie ... welche Farben finden Sie dort ...

Es ist ein ganz besonderer Park: Hier stehen viele Skulpturen von begabten Künstlern. Sie alle haben Skulpturen über das Leben eines Menschen angefertigt, deren Namen die Skulpturen tragen ... plötzlich stehen Sie vor einer Skulptur, die Ihren Namen trägt. Nach einer Zeit des überraschten Staunens schauen Sie die Skulptur genau an: Merken Sie sich diese so gut, dass sie nachher nachgestalten können.

Kehren Sie mit der Aufmerksamkeit zurück in den Raum: Gestalten Sie, was Sie gesehen haben ... Zensieren Sie nicht, nehmen Sie einfach wahr ... Geben Sie dieser Gestaltung einen würdigen Platz. Gestalten Sie regelmäßig weiter. Was nehmen Sie mit für Ihr Leben?

Programm beendet?

Das eigene Leben zum Besseren zu wenden, wenn man mit einer schwierigen Mutter aufgewachsen ist, ist eine Lebensaufgabe. Das Hilfe-Programm kann diesen Prozess einleiten, begleiten und stützen – nicht mehr und nicht weniger.

Wie ist es Ihnen während der Arbeit am Programm ergangen? Sie haben alle Bausteine bearbeitet und verspüren erste Veränderungen? Herzlichen Glückwunsch. Zur Weiterarbeit, um das Erarbeitete zu festigen, empfehlen wir Ihnen die Rituale im Folgenden und wichtige Bausteine zu wiederholen.

Vielleicht gab es auch Hinderungen: Sie mochten einige Bausteine gar nicht bearbeiten? Es ist möglich, dass gerade hier wertvolle Impulse verborgen sind, die Ihnen noch fremd scheinen ... vielleicht versuchen Sie es demnächst noch einmal. Das Programm ist jederzeit wiederholbar.

Sie spüren keine wirkliche Veränderung? Das kennen Sie schon, dass nichts hilft? Das ist bedauerlich und natürlich möglich – jeder Mensch lernt auf unterschiedliche Weise. Manchmal ist auch in den Tiefen des Seins eine Grundüberzeugung aus Kindheitstagen verborgen, die hindert. Unsere Klienten äußerten etwa: »*Eigentlich soll es mir nicht besser gehen, weil das eine Ablösung von meiner Mutter bedeuten würde*«, oder »*Wenn mein Leben gut wäre, dann gibt es keinen Beleg mehr für das Schlimme von früher*« oder auch die festbetonierte Überzeugung, dass eben nichts helfen kann. Wenn Sie unter diesen Aspekten leiden, das Gefühl haben festzustecken, kann es ratsam sein, (professionelle) Hilfe zu suchen und Ihren persönlichen Hinderungen genauer nachzugehen.

3. Sichern Sie das Erreichte: Rituale

Die vorgestellten Rituale eignen sich nach Abschluss des Jetzt-besser-leben-Programms als Fortführung: Es ist wichtig, dass Sie weiterhin mit sich in Resonanz sind und üben, was Sie unterstützt. Sie können diese Rituale jedoch auch jederzeit während des Lesens des Buches starten.

Ihre persönliche Tagesschau

Die Tagesschau stellt eine Form der Sammlung dar, die vor allem eines soll: Sie mit sich selbst, mit Ihren zentralen Einsichten, Gefühlen und Körperbotschaften in Kontakt bringen.

Dazu notieren Sie jeden Abend, möglichst mit etwas Abstand vor dem Schlafengehen:

- genau eine wichtige Einsicht oder einen Gedanken, den Sie vom heutigen Tag festhalten möchten
- einen Erfolg, den Sie würdigen möchten (schauen Sie mit einem wohlwollenden Blick)
- ein Gefühl, das Sie gerade jetzt beschäftigt
- etwas, was Ihr Körper erzählen würde, wenn er sprechen könnte
- drei Dinge, für die Sie dankbar sind.

Wenn Sie nicht gerne schreiben, ist es genauso gut (für manche sogar besser), die Fragen in Symbolen oder Zeichen zu beantworten. Darüber trainieren Sie zugleich Ihren kreativen Ausdruck. Auch die Kombination aus Worten und Symbolen kann eindrücklich sein. Finden Sie Ihren eigenen Weg.

Beenden Sie den Tag mit einigen bewussten Atemzügen.

Der Wochen- und Monatsrückblick

Legen Sie einen Tag fest, an dem Sie die Woche resümieren: An diesem Tag werden Sie noch einmal lesen, was Sie geschrieben/gezeichnet haben. Notieren Sie wertfrei, womit Sie sich vor allem beschäftigt haben und auch, was Sie vielleicht an Ihnen selbst am meisten überrascht hat. Genauso verfahren Sie jeden Monat: Bilanz ziehen unterstützt Sie auf Ihrem Weg.

Das *AWOKADO*-Stärkungs-Ritual

Es hat sich bewährt, neue Schritte, die Sie vielleicht schon getan haben, durch das AWOKADO-Stärkungs-Ritual zu unterstützen. Ihre selbst erarbeitete Bewegungschoreografie (Sie müssen vor diesem Wort nicht erschrecken) kann bei regelmäßiger Durchführung und täglicher Übung aktiv neue Spuren im Gehirn bahnen und Veränderungen neuronal verankern. Denken Sie daran, dass das Anlegen neuer Trampelpfade im Gehirn vor allem Zeit und Wiederholung erfordert!

Suchen Sie sich einen Platz, an dem Sie gut stehen können und ungestört sind. Lenken Sie Ihre Aufmerksamkeit auf Ihren Atem, so wie Sie es aus dem AWOKADO-7-Schritte-Programm schon kennen.

Sagen Sie sich nun den angegebenen Satz jeweils laut vor und führen Sie anschließend eine passende Geste dazu aus. Wiederholen Sie diese Geste in verschiedenem Tempo so lange, bis sie Ihnen passend erscheint.

1. Ich achte auf mich!
2. Ich schütze mich.
3. Ich würdige meine Belastung, ich würdige meine Stärken.
4. Ich spüre den Boden, der mich trägt – ich finde meinen Standpunkt.
5. Ich öffne mich.
6. Ich drücke aus, was mich bewegt.
7. Ich verbinde mich mit anderen.

Zu jedem dieser Sätze suchen Sie sich eine passende Geste und verbinden sie mit der vorhergehenden, bis alle Gesten in Ihrer persönlichen Choreografie mit den Sätzen verbunden sind. Führen Sie dieses Ritual mehrfach hintereinander aus, bis Sie es verinnerlicht haben.

Wann immer Sie Unterstützung gebrauchen können und einen ruhigen Ort finden, können Sie auf das stärkende Ritual zurückgreifen.

Wenn Ihnen das gesamte Ritual zu umfangreich erscheint, können Sie auch den Satz, der Sie gerade am meisten anspricht, mit einer passenden Geste verbinden, diese regelmäßig ausführen und immer dann einsetzen, wenn Sie Unterstützung benötigen. Vielleicht mögen Sie mit dem Ritual oder einer Geste den Tag beginnen …

Nachwort: Mutter und Tochter … warum wir gemeinsam dieses Buch schreiben

Wir sind überzeugt, dass gelingende Mutter-Kind-Beziehungen ein unendliches Pfund für die Menschheitsgeschichte sind: Sie sind nach unserer Auffassung ein zentraler Grundstein für ein friedvolles Leben jedes Einzelnen und letztlich für ein friedvolles Miteinander. Etwas für das Gelingen der Beziehungen zwischen Eltern und Kindern zu tun, war eine unserer Grundmotivationen, dieses Buch zu schreiben. Denn wir erfahren in unserer täglichen Arbeit, wie nachhaltig belastend es sein kann, wenn die Beziehung zur Mutter sich schwierig gestaltet, eben nicht gelingt. Als professionelle Therapeutinnen, aber auch als Mutter und Tochter wollten wir gemeinsam mit Ihnen einen Blick auf das Thema »schwierige Mütter« wagen. Gerade unsere unterschiedlichen Zugänge machten dabei den besonderen Reiz unseres gemeinsamen Schreibens aus. Aus mehrfach unterschiedlichen Perspektiven haben wir uns der Thematik genähert: Als Psychologin und klientenzentriert beratende Systemikerin, als Musiktherapeutin mit integrativleibtherapeutischer Ausrichtung – als Frau aus der jüngeren Generation und als Frau in den reiferen Jahren.

Die Mutter, geboren 1958 als Kind einer Mutter, die den zweiten Weltkrieg im Schulkindalter hatte überstehen müssen, die ihrerseits Mütter als ideologisch missbrauchte Gebärmaschinen und Heldenmütter, später als harte Trümmerfrau erlebt hatte (O-Ton der Oma: »Damals gab es keine netten Mütter«) – die Auswirkungen dieser Tatsachen aus der Kriegs- und NS-Zeit waren lange kaum jemandem in der Familie bewusst. »Mit anpacken«, »nicht zimperlich sein« und »sich nicht anstellen« waren Werte, die in dieser Zeit das Überleben der Frauen gesichert hatten. Frau war vor allem mit Wiederaufbau, Herstellen von

Normalität und Vergessen von Schrecklichem beschäftigt. Zugleich erlebte die Mutter Phasen der kollektiven Beschuldigung von Müttern (auch ausgelöst durch damals allzu einseitig psychoanalytische Sichtweisen), in denen Mütter häufig kurzerhand in die »kranke« Ecke gestellt wurden (etwa belegt mit den Etiketten »verrückt«, »hysterisch«) und in einen Generalverdacht für sämtliche Kinderprobleme gerieten. War ein Kind erkrankt, so war diesem Glauben zufolge in jedem Fall die Mutter schuld. Noch ein wenig jünger (und zu jung, um dazuzugehören), konnte sie eine 68er-Generation beobachten, die einerseits eine Befreiung von konventionellen Normen, ja der Frau überhaupt einleitete, und andererseits Eltern und Autoritätsfiguren per se mit Misstrauen belegte. In der Jugend der Mutter war das klassische Ideal der treusorgenden Mutter am heimischen Herd noch verbreitet, berufstätige Mütter waren eine Seltenheit und von vorneherein ob ihres Mutter-Seins kritisch beäugt. Eine Zeit auch, in der junge Erwachsene verdächtig schienen, wenn sie sich mit der eigenen Mutter gut verstanden. Frauenthemen, auch feministisches Gedankengut, gewannen, insbesondere für Frauen in der intellektuellen Szene, an Bedeutung. Der damals vehement ausgefochtene Kampf um Gleichberechtigung der Frauen hat Spuren hinterlassen: In manchen Teilen sind endlich Frauenfeindlichkeit und Diskriminierung überwunden. Die Errungenschaften sind so selbstverständlich geworden, dass es jungen Frauen beinahe unverständlich erscheint, darum kämpfen zu müssen.

Die Tochter, 30 Jahre später geboren (1988), und Kind einer anderen Generation. Andere Themen bewegen ihre Altersgruppe: Diese Generation, die sogenannte Generation Y, erlebte ihre Mütter meist als aufstrebende »Familienmanagerinnen«. Die Kinder der Babyboomer-Generation der 50/60er-Jahre hatten häufiger einen höheren Bildungsabschluss erwerben können als ihre Eltern, hatten sich widersetzt und sahen es angezeigt, für ihre Ideale zu kämpfen. Und sie schienen viel erreicht zu haben: Die Mütter der Kinder der Generation Y waren oder sind (beinahe schon selbstverständlich) berufstätig, kümmerten sich zugleich um den Haushalt und die Erziehung ihrer Kinder. Sie wünschten sich, dass ihre Kinder glücklich seien, und vermittelten ihnen, dass sie in ihrem Leben alles erreichen können, wenn sie es nur wollten – denn diese Kinder waren für ihre Mütter etwas ganz Besonderes. Die Mütter wollten es besonders gut machen, ihren Kindern alles ermöglichen. Große Auflehnung und Rebellion scheinen und schienen vielen gegen diese Mütter kaum notwendig. Doch haben psychische Erkrankungen, wie Burn-out und Depressionen, und auch Trennungen und Scheidungen in der Müttergeneration Konjunktur. Und so stellt sich nun die Generation der jungen Erwachsenen zunehmend die Frage: Warum? Und vor allem wofür? Viele junge Erwachsene bleiben heute hinter den Bildungsabschlüssen ihrer Eltern zurück. Sie stellen erschrocken fest, dass jeder in ihrer Generation die Haltung vermittelt bekam, etwas Besonderes zu sein, was sie sich selbst als wenig besonders erleben lässt. In den sozialen Medien erhalten sie die Chance, ein perfektes Leben einfach zu inszenieren und glaubhaft in ihre Community zu transportieren. Normierte Lebensläufe erscheinen zunehmend als Ticket in den beruflichen Erfolg. Dieser Teil der jungen Erwachsenen kann heute kaum noch für eine Verbesserung seines Lebensstandards sorgen, sondern sich lediglich um dessen Erhalt bemühen. Die neue Generation ist zunehmend jedoch nicht mehr bereit, ihr Leben dem Erfolg zu opfern. Und das ist vermutlich ein Unterschied: Selbstverwirklichung, Work-Life-Balance, »neue Väter« sind Themen dieser Generation, gesellschaftliches Engagement weniger, Selbstwert und -verwirklichung umso mehr. Diese Generation findet man selten auf der Straße, um sich für etwas einzusetzen – Kampf, Rebellion, das haben die jungen Erwachsenen nicht gelernt –, es war nicht notwendig. Und so kehrt diese Generation partiell wieder zurück in traditionelle Lebensformen: Die Zahl der Eheschließungen und die Geburtenraten nehmen zu, manche junge Frauen wünschen sich ein Leben als Mutter ohne Berufstätigkeit. Andere möchten keine Kinder und finden ihre Erfüllung in ihrem Beruf. Wieder andere wünschen sich beides, versuchen aber mehr für sich als die Müttergeneration zu sorgen. Die Mütter der nun folgenden Generation bringen Pluralität in das Mutterbild. Dieses gewonnene Maß an Wahlfreiheit geht jedoch einher mit einer tiefen Verunsicherung über den wirklich stimmigen Lebensentwurf. Die Mutter von heute wirkt wie die Käuferin in einem endlos überfüllten Laden, der durch seine Fülle erschlägt und Wünsche und Träume zunichtemacht. Zugleich ist ein Großteil der Kinder, die in sozial schwachen Familien oder mit Belastungen aufwachsen, von diesen Wahlmöglichkeiten ausgeschlossen.

Das Verhältnis zwischen Müttern und Kindern ist auch Zeitgeschichte. Diese beispielhaft vorab beschriebenen gesellschaftlichen und kontextualen Bedingungen beeinflussen, wie Mütter und Kinder miteinander leben: Muttersein ist immer auch vom Kontext, der Gesellschaft und der Kultur bestimmt. Die Bewertung dessen, was als »gute Mutter« gilt, ebenso. Zeitgeschichtlich erfuhr während unserer jeweiligen Lebensgeschichte die Mütterrolle starken Wandel. Wir sind Kinder unserer Mütter und unserer Zeit und Kultur, das prägt unseren jeweils anderen Blick auf die Mütterthematik. Dies ist ein Fundament, von dem aus wir auf die Mütterthematik schauen und mit Ihnen geschaut haben. Insofern erscheint uns die Zugehörigkeit zur jeweils anderen Generationen als gute Ergänzung in unserem Blick auf die Mütterthematik wie auch die Erfahrung in unseren jeweiligen Rollen. Unsere Kultur, in der wir aufwachsen, bestimmt nicht zuletzt, wie wir unsere Mütter »bewerten«. Schämen wir uns, weil unsere Mutter nicht arbeitet, nicht gestylt wirkt? Unsere Glaubenssätze, das, was wir an unseren Müttern schwierig finden, ist bestimmt durch das Menschenbild unserer Zeit, aber auch geprägt durch das System Familie und insbesondere durch unser jeweiliges Erleben. Die Begegnung auf der persönlichen Ebene ist ein entscheidender Faktor. Es kann also durchaus sein, dass Mütter ihrem Zeitgeist entsprechend alles richtig machen (zum Beispiel eine gute Work-Life-Balance haben) und ihre Kinder sich dennoch nicht wohlfühlen. Wie sich auch Kinder von in diesem Sinne wenig gut beurteilten Müttern sich »sauwohl« fühlen können.

Die Geschichte scheint schnelllebig: Was früher als schwierig galt, trägt heute neue Gewänder. Wogegen sich Kinder vor 40 Jahren auflehnten, ist heute sonderbar anmutende Geschichte. Heute gehe man mit der Mutter in die Disco, nenne die hippen Mütter »Mom« oder bei ihrem Vornamen, die Eltern seien »best friends«. »Wogegen willst du da noch rebellieren?«, pointiert Comedian Carolin Kebekus: Der Vater trage Vollbart, sei tätowiert und fahre mit Longboard zur Arbeit – abends gehe man mit der Mutter auf die Afterhour-Party. Sie hinterfragt die gewandelte Mütterrolle in der von ihr bekannt drastisch-sarkastischen Weise: »Mit der eigenen Mutter auf die Afterhour-Party? Deine Mutter muss dir eine runterhauen, weil du kein Unterhemd anhast!«

Dies ist kein Mütterhasser-Buch. Im Gegenteil: Wir haben dieses Buch in großer Verbundenheit zu Frauen und Kindern geschrieben, und uns ist, wie vielen Lesern auch, sowohl die Kinder- als auch die Mutterrolle vertraut. Das ist auch der schwierige Spagat, in dem wir uns befinden: Ein Mütterbuch beinhaltet gleich mehrere Generationen. Es ist der Spagat, in dem Sie als von der Thematik Betroffene leben: Auch Sie sind vielleicht Tochter einer Mutter und schon selbst Mutter oder setzen sich mit dem Mutter-Werden auseinander; Sie sind Sohn einer Mutter und haben Ihre Frau als Mutter oder zukünftige Mutter Ihres Kindes an Ihrer Seite. Zugleich wächst vielleicht Ihre Tochter neben Ihnen als zukünftige Mutter heran, was in Ihnen zugleich hoffnungsvolle Gefühle anklingen lassen kann wie auch altbekannte Erfahrungen mit Ihrer eigenen Mutter. Mutter-Kind-Probleme betreffen tragischerweise nicht nur das Jetzt, sondern das Gestern und die Zukunft: Nachhaltige familiäre Probleme stammen oftmals aus der vorhergehenden Generation und setzen sich, werden sie nicht erkannt und aufgearbeitet, meist ungut in die nächsten Generationen fort. Wir blicken aus einer tiefen Bewunderung für das, was Mütter aus dieser Generation (und aus früheren Generationen ebenso) für ihre Kinder möglich machen, auf dieses Thema. Aus einer tiefen Bewunderung, welch ungeheuren Potentiale zwischen Mutter und Kind entstehen können, welche Wachstumsmöglichkeiten frei werden, wenn diese Beziehung gelingt. Wir schreiben mit großem Respekt vor dieser evolutionär so bedeutsamen existentiellen Beziehung, mit der Achtsamkeit und Demut, wie entscheidend der Verlauf dieser Beziehung für jedwede Entwicklung ist: Für den Einzelnen, aber auch für die Entwicklung der Welt. Dies ist unser Motor, diesem Thema ein Buch zu widmen.

Wer eine harte Abrechnung mit Müttern erwartet hat, ist in diesem Buch sicher nicht an der richtigen Stelle. Wir glauben, dass es nur ein (manchmal unvermeidlicher) Notfall sein kann, den Graben zwischen Eltern und Kindern zu vergrößern. Wir haben in der Zusammenarbeit mit unseren Klienten die Erfahrung gemacht, dass Brücken bauen, der Versuch, einander doch zu verstehen, in die Fußstapfen des jeweils anderen treten, das Eigene ungleich reicher machen: das von Kindern und Müttern, nicht zuletzt auch das ihrer Nachkommen.

Denn die Evolution zeigt uns: Kooperation, nicht Kampf und Krieg, das Gespräch zwischen sich scheinbar Widersprechendem, der Dialog zwischen Generationen, die neue Ebenen finden und entwickeln, ist für unser aller Überleben wesentlich. Diese Tatsache soll nicht von elterlicher Verantwortung entbinden: Auch Eltern sind Kinder ihrer Eltern. Wir halten die ersten Bezugspersonen für äußerst wichtig und gleich verantwortlich: Mutter und Vater. In diesem Buch möchten wir uns vorrangig schwierigen Müttern widmen, ein Nachfolgebuch zu schwierigen Vätern ist in Planung.

Wer einen differenzierten Blick auf seine Kindheit wagen möchte, mit »dennoch« und »und«, wer Ambivalenzen und Fragwürdiges in diesem Mutter-Kind-Kosmos mit uns erobern möchte, der ist uns herzlich willkommen: Wir möchten Sie ein Stück auf diesem Flug durch Ihren Kosmos begleiten, Ihnen Halt und Orientierung bieten sowie kreative Anleitungen zur Selbsthilfe. Planetenwechsel und Flugpausen einbegriffen.

Literatur

Ainsworth, M., Blehar, M. C., Waters, E. & Wall, S. (1978). *Patterns of attachment. A psychological study of the strange situation.* Hillsdale.

Alman, B. M. & Lambrou, P. T. (2013). *Selbsthypnose. Ein Handbuch zur Selbsttherapie* (11. Aufl.). Heidelberg: Carl-Auer Verlag

Antonovsky, A. (1997). *Salutogenese: Zur Entmystifizierung der Gesundheit.* Tübingen: dgvt-Verlag.

Aronson, E., Wilson, T. & Akert, R. (2008). *Sozialpsychologie* (6. Aufl.). München: Pearson Studium.

Bandura, A. (1965). Influence of models reinforcement contingencies on the acquisition of imitative response. *Journal of Personality and Social Psychology, 1 (6)*, 589–595.

Barnowski-Geiser, W. (2015). *Vater, Mutter, Sucht. Wie erwachsene Kinder suchtkranker Eltern trotzdem ihr Glück finden können.* Stuttgart: Klett-Cotta.

Barnowski-Geiser, W. (2009). *Hören, was niemand sieht. Kreativ zur Sprache bringen, was Kinder und Erwachsene aus alkoholbelasteten Familien bewegt.* Neukirchen-Vluyn: Semnos.

Bauer, J. (2006). *Warum ich fühle, was du fühlst. Intuitive Kommunikation und das Geheimnis der Spiegelneurone* (8. Aufl.). Hamburg: Hoffmann und Campe.

Berger, J. (2014). *Stachlige Persönlichkeiten. Wie sie schwierige Persönlichkeiten entwaffnen.* Marburg: Francke.

Bieri, P. (2013). *Eine Art zu leben. Über die Vielfalt menschlicher Würde.* München: Carl Hanser.

Bossinger, W. (2006). *Die heilende Kraft des Singens. Von den Ursprüngen bis zu modernen Erkenntnissen über die soziale und gesundheitsfördernde Wirkung von Gesang* (2. überarb. Aufl.). Battweiler: Traumzeit-Verlag.

Bowlby, J. (1969). *Attachment and Loss* (1. Aufl.). New York: Basic Books.

Bowlby, J. (2008). *Bindung als sichere Basis: Grundlagen und Anwendung der Bindungstheorie.* München: Reinhardt.

Brisch, K.-H. (2010). *Sichere Ausbildung für Eltern.* Stuttgart: Klett-Cotta.

Bucay, J. (2014). *Komm, ich erzähl dir eine Geschichte* (14. Aufl.). Frankfurt a. M.: Fischer. Bundesinstitut für Bevölkerungsforschung (Hrsg.) (2013). *Familien-LEITBILDER. Vorstellungen. Meinungen. Erwartungen.* Wiesbaden: Bundesinstitut für Bevölkerungsforschung.

Davies, P. T. & Sturge-Apple, M. L. (2015). Die Auswirkungen häuslicher Gewalt auf die Entwicklung des Kindes. In: J. Hamel & T. L. Nicholls (Hrsg.), *Handbuch: Familiäre Gewalt im Fokus. Fakten – Behandlungsmodelle – Prävention* (2. Aufl.) (S. 221–248). Frankfurt a. M.: Ikaru.

De Wolff, M. & van Ijzendoorn, M. (1997). A meta-analysis on parental antecedents of infant attachment. *Child Development, 68*, 571–591.

Dornes, M. (2001). *Der kompetente Säugling. Die präverbale Entwicklung des Menschen.* Frankfurt a. M.: Fischer.

Fraiberg, S. (2011). *Seelische Gesundheit in den ersten Lebensjahren. Studien aus einer psychoanalytischen Klinik für Babys und ihre Eltern.* Gießen: Psychosozial-Verlag.

Gschwend, G. (2009). *Mütter ohne Liebe. Vom Mythos der Mutter und seinen Tabus.* Bern: Huber.

Hermann, J. (2003). *Die Narben der Gewalt. Traumatische Erfahrungen verstehen und überwinden.* Paderborn: Junfermann.

Hirigoyen, M. F. (2000). *Die Masken der Niedertracht. Seelische Gewalt im Alltag und wie man sich dagegen wehren kann.* München: C. H. Beck.

Hüther, G. (1999). *Biologie der Angst. Wie aus Stress Gefühle werden* (12. Aufl.). Göttingen: Vandenhoeck & Ruprecht.

Hüther, G. (2014). *Was wir sind und was wir sein könnten. Ein neurobiologischer Mutmacher* (6. Aufl.). Frankfurt a. M.: Fischer.

Jäger, W. (2012). *Kontemplation – ein spiritueller Weg.* Freiburg im Breisgau: Herder.

Jouriles, E. N., Norwood, W. D., McDonald, R. & Peters, B. (2001). Domestic violence and child adjustment. In: J. H. Grych & F. D. Fincham (Hrsg.), *Interparental conflict and child development: Theory, research, and applications* (S. 315–336). New York: Cambridge University Press.

Kabat-Zinn, J. (1999). *Stressbewältigung durch die Praxis der Achtsamkeit.* Freiburg: Arbor.

Kaiser, A. (2014). *Machen Mütter Muttersöhnchen.* Zugriff am 4.5.2016: http://www.familienhandbuch.de/babys-kinder/bildungsbereiche/entwicklung/MachenMuetterMuttersoehnchen.php

Krause, S. (2012). Was versteht man unter Resilienz. In: I. Wyrobnik (Hrsg.), *Wie man Kinder stärken kann. Ein Handbuch für Kita und Familie* (S. 19–28). Göttingen: Vandenhoeck & Ruprecht.

Kuttner, S. (2016). *180 Grad Meer.* Frankfurt a. M.: Fischer.

Lelord, F. & Andre, C. (2009). *Der ganz normale Wahnsinn. Vom Umgang mit schwierigen Menschen.* Berlin: atb.

Montada, L. (2008). Fragen, Konzepte, Perspektiven (Kapitel 1). In: R. Oerter & L. Montada (Hrsg.), *Entwicklungspsychologie* (6. Aufl.) (S. 3–48). Weinheim: Beltz.

Miller, A. (2012). *Das Drama des begabten Kindes und die Suche nach dem wahren Selbst.* Berlin: Suhrkamp.

Oerter, R. & Dreher, E. (2008). Jugendalter. Identität – das zentrale Thema des Jugendalters. In: R. Oerter & L. Montada (Hrsg.), *Entwicklungspsychologie* (6. Aufl.) (S. 303–315). Weinheim: Beltz.

Ortheil, H.-J. (2011). *Die Erfindung des Lebens.* München: bb.

Papousek, H. & Papousek, M. (1999). Symbolbildung, Emotionsregulation und soziale Interaktion. In: W. Friedlmeier & M. Holodynski (Hrsg.), *Emotionale Entwicklung. Funktion, Regulation und soziokultureller Kontext von Emotionen* (S. 135–155). Heidelberg: Spektrum.

Peichl, J. (2015). *Narzisstische Verletzungen der Seele heilen. Das Zusammenspiel der inneren Selbstanteile.* Stuttgart: Klett-Cotta.

Pennie, L. (2016). Die Wohlfühl-Lüge. *Zeit Campus.* (Zeit.de)

Petzold, H. & Müller, L. (2012). Integrative Kinder- und Jugendlichenpsychotherapie – Protektive Faktoren und Resilienzen in der diagnostischen und therapeutischen Praxis. *Psychotherapie Forum, 4,* 185–196.

Piaget, J. (2015). *Das Weltbild des Kindes: Schlüsseltexte Band 1.* Stuttgart: Klett-Cotta.

Rosa, H. (2016). Resonanz. Eine Soziologie der Weltbeziehung. Berlin: Suhrkamp.

Rosenthal, R. & Jacobson, L. (1966). Teachers' Expectancies: Determinants of pupils' IQ gains. *Psychological Reports, 19*, 115–118.

Roth, G. & Strüber, N. (2014). Wie das Gehirn die Seele macht. Stuttgart: Klett-Cotta.

Schmid, H. & Meysen, T. (2006). Was ist unter Kindeswohlgefährdung zu verstehen? In: H. Kindler, S. Lillig, H. Blüml, T. Meysen, A. Werner (Hrsg.), *Handbuch. Kindeswohlgefährdung nach § 1666 BGB und Allgemeiner Sozialer Dienst (ASD).* Deutsches Jugendinstitut e.V.

Schubert, C. (2014). *Psychoneuroimmunologie und Psychotherapie.* Stuttgart: Schattauer.

Spitzer, M. (2003). *Lernen. Gehirnforschung und die Schule des Lebens.* Heidelberg: Spektrum.

Thich Nhat Hanh (2011). *Versöhnung mit dem inneren Kind. Von der heilenden Kraft der Achtsamkeit.* München: O. W. Barth.

Thich Nhat Hanh (1998). *Schritte der Achtsamkeit. Eine Reise an den Ursprung des Buddhismus.* Freiburg im Breisgau: Herder.

Trost, A. (2003). *Interaktion und Regulation bei suchtkranken Müttern und ihren Säuglingen.* In: Landschaftsverband, Dezernate Gesundheit und Jugend/Landesjugendamt (Hrsg.), Suchtfalle Familie?! Forschung und Praxis zu Lebensrealitäten zwischen Kindheit und Erwachsenenalter. Dokumentation der gemeinsamen Fachtagung der KFH NW, Forschungsschwerpunkt Sucht, und des Landschaftsverbandes Rheinland, Dezernate Gesundheit und Jugend/Landesjugendamt Köln.

Wiegand-Grefe, S., Geers, P., Plaß, A., Petermann, F. & Riedesser, P. (2015). Kinder psychisch kranker Eltern: Zusammenhänge zwischen subjektiver elterlicher Beeinträchtigung und psychischer Auffälligkeit der Kinder aus Elternsicht. *Kindheit und Entwicklung, 18*, 111–121.

Wittchen, H.-U. & Jacobi, F. (2012). *Was sind die häufigsten psychischen Störungen in Deutschland?* Vortrag DEGS-Symposium am 14.6.2012.

Wustmann, C. (2005). Die Blickrichtung der neuen Resilienzforschung. Wie Kinder Lebensbelastungen bewältigen. *Zeitschrift für Pädagogik, 51*, 192–206.